JULIA SCHATTAUER

Schaurig-schönes EUROPA

AUF DEN SPUREN VON SAGEN, MYTHEN UND VERBRECHEN

BRUCKMANN

INHALTSVERZEICHNIS

MYSTISCHE WÄLDER & WIESEN

GEHEIMNISVOLLE STÄDTE

Burg Bran ist Vorbild für Bram Stokers Roman »Dracula« (links oben). Geisterhafte Figuren symbolisieren ehemalige Gläubige in Luková (links unten). Der Giant's Causeway in Irland hat eine besondere Legende (oben).

UNERGRÜNDLICHES WASSER

SAGENHAFTE BERGE

Stark umkämpft war Dunnottar Castle in früherer Zeit (links). Ein Ausbruch des Vulkans Hekla ist überfällig (oben).

KANARISCHE INSELN
ATLANTISCHER OZEAN
LA PALMA
Santa Cruz de la Palma
LA GOMERA
EL HIERRO
Puerto de la Cruz
San Cristóbal de la Laguna
Santa Cruz de Tenerife
Granadilla de Abona
TENERIFFA
Las Palmas de Gran Canaria
Telde
GRAN CANARIA
ISLA GRACIOSA
LANZAROTE
Arrecife
FUERTEVENTURA
Puerto del Rosario
72
Morro Jable
N
0 30 km
Reykjavík
58
77
78
ISLAND
EUROPÄISCHE
FÄRÖER (DK)
SHETLAND-INSELN (GB)
ORKNEY INSELN
ROCKALL (GB)
ÄUSSERE HEBRIDEN
ISLE OF SKYE
62
Aberdeen
61
Glasgow
40
Edinburgh
55
3
IRLAND
Belfast
GROSS-
81
79
13
Dublin
100
Leeds
Liverpool
Manchester
BRITANNIEN
Birmingham
32
30
29
98
84
1
100
LONDON
4
60
ÄRMELKANAL
KANAL-INSELN
Le Havre
Brüs
BELG
SEINE
70
9
PARIS
28
Nantes
Orléans
48
LOIRE
FRANK-REICH
GOLF VON BISCAYA
Bordeaux
GARONNE
Lyon
RHÔNE
38
Toulouse
ANDORRA
Marsei
EBRO
DUERO
PORTUGAL
16
Lissabon
TAJO
MADRID
Barcelona
GUADIANA
SPANIEN
89
Valencia
MALLORCA
MENORC
IBIZA
BALEAREN
73
Sevilla
86
94
Málaga
MITTEL
Algier
ALGERIEN
Casablanca
Rabat
MAROKKO
ATLANTISCHER OZEAN
23
MADEIRA
N
0 300 km
KANARISCHE INSELN

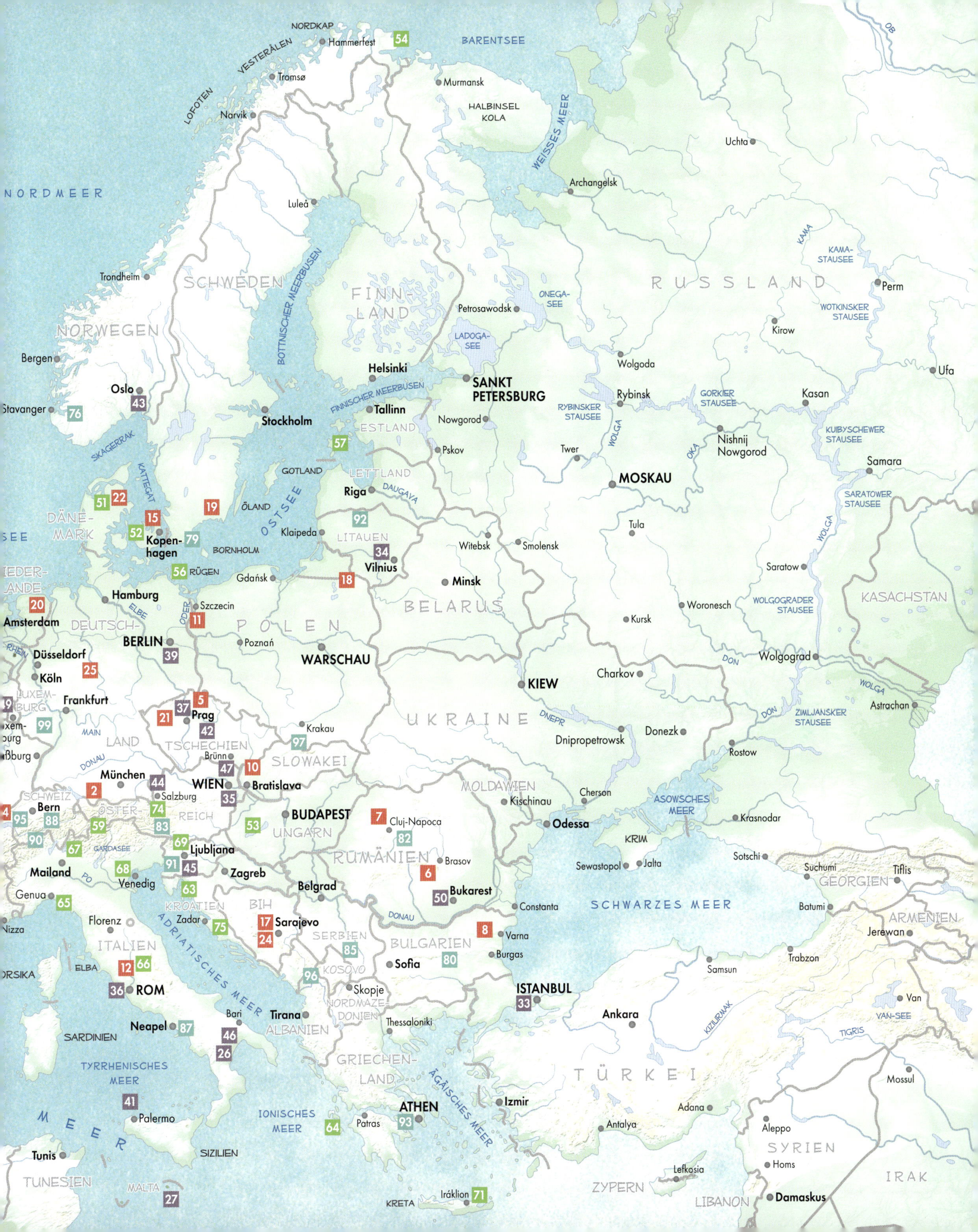
NORDKAP
Hammerfest
54
BARENTSEE
OB
VESTERÅLEN
Tromsø
Murmansk
HALBINSEL KOLA
LOFOTEN
Narvik
WEISSES MEER
Uchta
Archangelsk
NORDMEER
Luleå
KAMA
KAMA-STAUSEE
Trondheim
SCHWEDEN
BOTTNISCHER MEERBUSEN
FINN-LAND
ONEGA-SEE
RUSSLAND
Perm
Petrosawodsk
WOTKINSKER STAUSEE
NORWEGEN
LADOGA-SEE
Kirow
Bergen
Wolgoda
Helsinki
SANKT PETERSBURG
Ufa
Oslo
43
FINNISCHER MEERBUSEN
Rybinsk
GORKIER STAUSEE
Kasan
Stavanger
76
Tallinn
RYBINSKER STAUSEE
Stockholm
ESTLAND
Nowgorod
KUIBYSCHEWER STAUSEE
Nishnij Nowgorod
SKAGERRAK
57
WOLGA
OKA
Pskov
Twer
Samara
KATTEGAT
GOTLAND
LETTLAND
MOSKAU
51
22
Riga
DAUGAVA
SARATOWER STAUSEE
19
ÖLAND
OSTSEE
DÄNE-MARK
15
92
SEE
52
Kopen-hagen
79
Klaipeda
LITAUEN
Tula
WOLGA
BORNHOLM
34
Witebsk
Smolensk
Vilnius
Saratow
NIEDER-LANDE
56
RÜGEN
Gdańsk
18
Minsk
KASACHSTAN
Hamburg
WOLGOGRADER STAUSEE
20
ELBE
BELARUS
Woronesch
ODER
Szczecin
Kursk
Amsterdam
DEUTSCH-LAND
11
POLEN
BERLIN
Poznań
RHEIN
39
WARSCHAU
DON
Wolgograd
Düsseldorf
25
Charkov
Köln
KIEW
WOLGA
LUXEM-BURG
5
Frankfurt
37
Astrachan
21
Prag
UKRAINE
DNEPR
DON
ZIMLJANSKER STAUSEE
Luxem-burg
42
Donezk
99
MAIN
Krakau
TSCHECHIEN
97
Dnipropetrowsk
Rostow
Straßburg
Brünn
DONAU
47
10
SLOWAKEI
München
44
MOLDAWIEN
2
WIEN
Bratislava
Kischinau
Cherson
ASOWSCHES MEER
SCHWEIZ
Salzburg
35
Bern
ÖSTER-REICH
74
BUDAPEST
7
Cluj-Napoca
Odessa
Krasnodar
95
88
59
83
53
UNGARN
82
KRIM
90
69
Ljubljana
RUMÄNIEN
Sotschi
67
GARDASEE
Brasov
Suchumi
Tiflis
68
91
45
Sewastopol
Jalta
GEORGIEN
Mailand
PO
Venedig
Zagreb
6
Belgrad
Bukarest
50
Genua
63
Constanta
SCHWARZES MEER
Batumi
65
KROATIEN
BIH
DONAU
ARMENIEN
Nizza
Florenz
Zadar
17
Sarajevo
8
Varna
Jerewan
75
24
SERBIEN
ITALIEN
BULGARIEN
85
Burgas
Trabzon
ELBA
12
66
80
Samsun
KORSIKA
KOSOVO
Sofia
96
36
ROM
Skopje
ISTANBUL
Van
33
NORDMAZE-DONIEN
KIZILIRMAK
Neapel
87
Bari
Tirana
Ankara
VAN-SEE
SARDINIEN
46
Thessaloniki
ALBANIEN
TIGRIS
26
GRIECHEN-LAND
TYRRHENISCHES MEER
TÜRKEI
Mossul
41
ÄGÄISCHES MEER
MEER
ATHEN
Izmir
Palermo
IONISCHES MEER
Adana
64
Patras
93
Antalya
Aleppo
Tunis
SIZILIEN
SYRIEN
Homs
TUNESIEN
MALTA
Lefkosia
IRAK
27
ZYPERN
Iráklion
71
KRETA
LIBANON
Damaskus

Hunderte krumme Kiefern stehen im polnischen Wald Krzywy Las.

»IN EUROPAS STÄDTEN UND LANDSCHAFTEN LOCKEN ORTE MIT GÄNSEHAUT-GARANTIE.«

Julia Schattauer

VORWORT

Schaurig-schön

Verlassene Häuser, Burgen mit grausamer Vergangenheit und Orte, die mit ihren Spukgeschichten wahrlich Haare zu Berge stehen lassen – das Schaurige fasziniert uns Menschen.
Oft fühlen wir uns von Dingen angezogen, die wir nicht vollständig verstehen oder erklären können. Das weckt unsere Neugier und regt die Fantasie an. Von der Faszination der Mythen gepackt verlieren wir uns in märchenhaften Wäldern gleichermaßen wie in den Spukgeschichten alter Schlösser. Das Schaurig-Schöne bringt uns Herausforderungen, wenn wir uns kleinen Mutproben stellen und unsere Grenzen austesten. Indem wir uns dem Gruseligen aussetzen, können wir immer auch ein Stück weit unseren eigenen Ängsten begeg-

Die Burgruine von Corfe Castle steht imposant auf einer Anhöhe.

nen, sie uns bewusst machen und an ihnen wachsen: Und das kann auf die eine oder andere Art und Weise sogar noch richtig Spaß machen.

Egal ob als Entdecker von Lost Places, Wanderer durch verfluchte Berge oder Fan alter Spukgeschichten: In diesem Buch finden Sie Inspiration für Reiseziele etwas abseits der üblichen Route oder aber einen neuen Blickwinkel auf Orte, die Sie bereits zu kennen glaubten. Entdecken Sie beim nächsten Urlaub Ihr Reiseziel auf eine andere Weise, und lassen Sie sich vom Zauber des Morbiden bezirzen.

Viel Spaß beim Gruseln wünscht

Julia Schattauer

Seltsam gespenstisch muten die unförmigen Bäume von Wistman's Wood an.

MYSTISCHE WÄLDER & WIESEN

Unter dem Blätterdach der Fantasie und der Legenden

Die Blätter rauschen im Wind, die knorrigen Äste wirken in der Dämmerung wie die Gliedmaßen schauriger Kreaturen. Der Wind pfeift durch die Stämme, und wenn der Nebel über den Waldboden kriecht, ist die Stimmung wie aus einer anderen Welt.

Die Furcht vor dem Wald ist uns in die Wiege gelegt. Dabei ließen Menschen ihrer Fantasie freien Lauf und fanden Erklärungen für tiefdunkle Sümpfe, eigentümlich geformte Baumstämme oder gigantische Felsbrocken. In Sagen und Legenden finden sich Erzählungen von Trollen und Riesen, Feen oder dem Teufel höchstpersönlich. Doch auch reale Gefahren sorgten dafür, dass Menschen tiefe Wälder gerne mieden: Da waren Raubritter und Räuberbanden, grimmige Soldaten oder gar Gräfinnen, die in den Waldgebieten Europas auf Streifzüge gingen und ihre Opfer suchten.

Heute ist der Wald für uns in erster Linie ein Ort der Erholung. Hier können wir fernab der Städte tief durchatmen, dem Wind lauschen und unsere Füße auf den weichen Boden setzen. Die Sonnenstrahlen, die durch die dichten Baumkronen fallen, treffen direkt in unser vom Alltag gestresstes Herz. Doch die besondere Atmosphäre, die schnell ins Schaurige geht, können wir auch heute nicht von uns weisen.

DIE TOP 5 MYTHOS-SPOTS IM WALD

Schloss Bran, Rumänien
Ob Dracula, Pfähler oder keins von beiden – die trotzige Burg in den Wäldern Transsilvaniens zieht Besucher in den Bann (bran-castle.com).

Nebelwald Fanal, Madeira
Einst bedeckten Lorbeerwälder den Großteil Madeiras. Einen Eindruck bekommt man im Nebel- oder auch Feenwald von Fanal (visitmadeira.com/de/sehenswuerdigkeiten/madeira/nordkueste/porto-moniz/fanal).

Sacro Bosco, Italien
Im bewaldeten Park stehen unheimliche Wesen, die Besucher das Fürchten lehren (sacrobosco.eu).

Bobbahn Sarajevo, Bosnien und Herzegowina
Mitten im Wald rund um Sarajevo fanden erst die Olympischen Spiele statt, später brachte der Krieg sein Unheil (tourismus-sarajevo.de/reiseziele).

Hoia Baciu Forest, Rumänien
Im transsilvanischen Bermuda-Dreieck verschwinden laut Legende immer wieder Tiere und Menschen – im dichten, abgeschiedenen Wald fühlt man sich wahrlich in eine andere Welt versetzt (hoiabaciuforest.com).

Von Moos und Flechten überwachsen: die Bäume und Felsen im Wistman's Wood.

1 WISTMAN'S WOOD

Wo Hunde mit rotglühenden Augen durch die Wälder streifen

Wistman's Wood ist ein uralter, verwunschener Wald im Dartmoor National Park in Devon, England. Eingebettet in eine Moorspalte stehen hier mit Flechten und Moos bewachsen Zwergeichen zwischen bizarren Granitfelsen. Die Wurzeln schlängen sich wie pulsierende Adern über den feuchten Waldboden. Die knorrigen Eichen wachsen wild verzweigt gen Himmel und bilden ein dichtes Blätterdach. Das Licht dringt nur spärlich durch die Lücken, und wenn, wie so oft, der Nebel über den Wald zieht, wird es gespenstisch. Der Wald ist seit Jahrhunderten nahezu unverändert und schon immer Schauplatz vieler Legenden. So erzählt man von den wütigen Wish oder Wisht Hounds: Hunden mit rotglühenden Augen und fletschenden Zähnen, die hier im Wald umherstreifen. Begegnen möchte man diesen sicher nicht. Die alten Bäume wirken wie versteinerte Gestalten, die ihre Geheimnisse und Geschichten bewahren. Man braucht nicht sonderlich viel Fantasie, um sich hier Hexenversammlungen vorzustellen. War da drüben im Gebüsch gerade ein rotes Leuchten zu sehen? Typisch für den Wistman's Wood sind die sogenannten Tors, bizarre Felsformationen, die zwischen den Bäumen aufragen. Diese bizarren Felsblöcke wirken wie Torbögen zu einer anderen Welt. Das Hound Tor ist besonders beeindruckend. Die Felsformation erhebt sich majestätisch über die Landschaft, und von hier aus bietet sich ein atemberaubender Ausblick auf die umliegende Moorlandschaft.

TIPPS & INFOS

UNTERKUNFT: Das Barnabas House ist ein uriges und gemütliches Bed and Breakfast mit leckerem Frühstück. Frisch gestärkt geht es von hier auf Entdeckungstour. Die Wander- und Radwege, die durch den Dartmoor-Nationalpark führen, sind vor der Haustür.

SEHENSWERT: Grimspound ist eine bronzezeitliche Siedlung, die inmitten der Dartmoor-Landschaft liegt. Hier können die Überreste von uralten Steinhütten erkundet werden, die an dieser Stelle gefunden wurden: eine interessante Zeitreise in längst vergangene Zeiten. Auch sehenswert ist der alte Steinbruch Foggintor Quarry.

INFO: visitdartmoor.co.uk/attraction/wistmans-wood-4
barnabas-house.co.uk

Über 3000 Kreuze sollen hier stehen, doch zählen muss man schon selbst.

2 Wallfahrtsort Gschnaidt

Der Wald der tausend Kreuze

Die Reise beginnt in Altusried, einem malerischen Dorf in Bayern, doch der Weg führt schnell in die Abgeschiedenheit. Das Ziel: der Weiler Gschnaidt auf einem bewaldeten Bergrücken. Gleich zwei Kapellen, ein Kreuzweg und ein Gasthaus markieren den kleinen Wallfahrtsort. Der erste Anblick lässt den Besucher ehrfürchtig innehalten. Wie viele Holzkreuze es sind, die sich hier entlang der Pfade im Wald aneinanderreihen, ist schwer zu erfassen. Zahlreiche zeigen verblasste Bilder der Verstorben, die meisten Namen und Geburts- und Sterbedaten. Manche erscheinen nagelneu, andere sind von Wind und Regen verwittert. Mehr als 3000 Kreuze sollen hier stehen, wie viele genau, weiß niemand. Ursprünglich standen die Holzkreuze auf frischen Gräbern. Sobald die eigentlichen Grabsteine aufgestellt wurden, wurden die Holzkreuze überflüssig. Doch das Wegwerfen kam den meisten wie ein Frevel vor, und so begann man damit, die Sterbekreuze neben der Wallfahrtskapelle aufzustellen. Bei einem Spaziergang durch den Wald ist man erfüllt von einer Mischung aus Ehrfurcht und Schauer. Die dichten Nebelschwaden, die durch die Bäume ziehen, das Knarren der Äste und das Rascheln der Blätter verstärken die einzigartige Atmosphäre. Der Legende nach soll hier in Gschnaidt einmal ein armer Einsiedler gelebt haben. Als er verstarb, sollte er unten im Dorf seine letzte Ruhestätte erhalten. Aber die Pferde, die vor den Leichenwagen gespannt waren, zogen den toten Eremiten immer wieder den Berg hinauf. Und so begrub man den frommen Mann dort, wo er lebte und starb, und errichtete auf dessen Grab eine kleine Kapelle, zu der bis heute Wallfahrer pilgern.

Tipps & Infos

SEHENSWERT: Die Gschnaidt-Wallfahrt ist seit Jahrhunderten ein fester Bestandteil der Tradition in dieser Region, auch wenn heutzutage deutlich weniger Pilger kommen als früher. Die beiden Kapellen, die im 18. und 19. Jahrhundert errichtet wurden, laden zur inneren Einkehr ein und erzählen von der tiefen Verbundenheit der Menschen mit diesem mystischen Ort.
ANREISE: Der Kreuzwald an der Kapelle Gschnaidt liegt rund 25 Autominuten von Kempten im Allgäu entfernt. Direkt neben der Wallfahrtskapelle befindet sich das Gasthaus zum Kreuz.
INFO: gschnaidt.de

3 DARK HEDGES

Die Kingsroad nach Gracehill House

Sie wirken wie der Zugang zur Anderswelt: die Dark Hedges im County Antrim in Nordirland. Die Allee aus knorrigen Buchen ist nicht erst seit ihrem Auftritt als Kingsroad in der Fantasy-Serie »Game of Thrones« bekannt, doch seitdem zieht sie Besucher aus aller Welt in den Bann. Im 18. Jahrhundert pflanzte die Familie Stuart die Bäume auf der Zufahrt zu ihrem Anwesen Gracehill. Bis die Allee ihr heutiges verwunschenes Aussehen erlangte, vergingen allerdings Jahrhunderte. Heute ist die Buchenallee so berühmt, dass reihenweise Reisebusse ankommen. Wer die besondere Atmosphäre der Dark Hedges erleben will, reist besser früh oder aber ziemlich spät an. Das Gracehill House beherbergt ein Restaurant und einen Golfclub. Dort kann man das Auto stehen lassen und zu Fuß den Weg entlang der uralten Buchenallee erkunden. Das Blätterdach erzeugt ein Spiel aus Licht und Schatten und hüllt die Straße in einen geheimnisvollen Schimmer. Man kann förmlich die Jahrhunderte spüren, die diese Buchenallee geprägt haben. Es fehlt nicht viel, und man glaubt, das Hufgeklapper der Kutschpferde zu hören, die hier seinerzeit zum Herrenhaus trabten. So überrascht es nicht, dass sich rund um die Dark Hedges so einige geisterhafte Erzählungen ranken. Etwa von der »Lady in Grey«, die im fahlen Mondschein rastlos umherwandern soll. Das einstige Dienstmädchen des Gracehill House soll unter mysteriösen Umständen in der Nähe der Allee ums Leben gekommen sein.

Unheimlich fühlt es sich an, die Allee entlangzugehen (oben mittig), doch im Restaurant des Gracehill House kommt man wieder auf andere Gedanken (links). Pluckleys Friedhof ist atmosphärisch (oben rechts).

TIPPS & INFOS

SEHENSWERT: In der Erfolgsserie »Game of Thrones« dienen die Dark Hedges als Kulisse für den majestätischen Königsweg in Westeros. In der zweiten Staffel flieht Arya Stark über diese Straße in Richtung Winterfell. Etwa 10 Autominuten von den Dark Hedges entfernt liegt der Ballintoy Harbour. Er wurde ebenfalls als Drehort für »Game of Thrones« genutzt.

AKTIV: Knapp eine Stunde entfernt steht in der Grafschaft Derry in Nordirland mit dem Banagher Glen einer der ältesten Eichenwälder Irlands. Hier bekommt man einen Eindruck davon, wie es einst auf der Grünen Insel ausgesehen hat, bevor großflächig gerodet wurde.

INFO: discovernorthernireland.com/things-to-do/the-dark-hedges-p703291

4 SPUKDORF PLUCKLEY

Wo sich Geister die Klinke in die Hand geben

Für Fans von Spukgeschichten führt kein Weg an dem kleinen Ort Pluckley in der englischen Grafschaft Kent vorbei. Hier sollen so viele Geister spuken, dass es als das am meisten heimgesuchte Dorf Englands ins Guinnessbuch der Rekorde aufgenommen wurde. Wer durch die Screaming Alley läuft oder an der Fright Corner vorbeigeht, wird zwar schon durch die Straßennamen eingestimmt, findet aber eher dörfliche Idylle statt Gruselkulisse. Die normannische Steinkirche, deren älteste Teile aus dem 12. Jahrhundert stammen, ist wohl atmosphärisch, jagt aber Besuchern bei Tageslicht keinen Schauer über den Rücken. Und doch: Die Geschichten, die man sich hier seit Generationen erzählt, machen dann ab der Dämmerung ein wenig nervös … Die Legende vom »Schwarzen Hund von Pluckley« erzählt von einem Geist, der als großer schwarzer Hund im Dorf und in den umliegenden Feldern gesichtet wurde. Man sagt, er sei der Geist eines verstorbenen Stadthalters und bringe Unglück oder kündige den Tod an. An der St. Nicholas' Church ist eine weinende Dame unterwegs, die tragisch ihr Leben verlor. Eine Adlige, die vor 1000 Jahren gestorben sein soll, irrt auf dem Friedhof umher, eine andere sitzt Pfeife rauchend auf der Pinnock Bridge. Auch ein »Roter Leutnant« soll nachts auf einem Feldweg umherwandern, und sogar eine geisterhafte Pferdekutsche will man hier in Puckley immer wieder sehen. Am gruseligsten geht es in den Dering Woods zu, von allen nur »Screaming Woods« genannt. Hier sollen nachts die Schreie von Menschen zu hören sein, die sich verirrten und nie mehr aus dem Wald hinausfanden.

TIPPS & INFOS

WISSENSWERT: In den letzten Jahren war Pluckley Schauplatz der kultigen englischen TV-Serie »The Darling Buds of May«. Der Autor H. E. Bates wohnte selbst in der Nähe. Seine Geschichten über die Familie Larkin, die in der Idylle Kents lebt, erfreuen sich großer Beliebtheit. Ein Spaziergang führt zu den wichtigsten Orten der Serie und zum Zuhause des Autors.
UNTERKUNFT: Der uralte Bauernhof Elvey Farm bietet Zimmer. Übernachten sollten aber nur Mutige, denn auch hier soll es spuken. Der einstige Besitzer, der sich auf der Farm erschossen hat, soll hier umgehen.
INFO: pluckley.net/visiting-pluckley; ratedtrips.com/walking/pluckley-and-the-darling-buds-of-may; elveyfarmkent.co.uk

Ob sich hier ein Tor zur Unterwelt befindet?

Innenansicht der Burg

5 BURG HOUSKA

Eine Barriere zur Unterwelt

Mitten im Gebirgszug der Sudeten, umgeben von dichtem Wald, erhebt sich auf einem Felsen die Burg Houska oder Hauska. Sie liegt an keiner Handelsstraße, diente nicht zur Verteidigung, und in den Jahrhunderten seit ihrer Erbauung war sie nur selten bewohnt. Wieso also wurde die Festung überhaupt errichtet?

Vor dem Bau der Burg im 13. Jahrhundert, so sagt man, sollen immer wieder seltsame Wesen am Himmel zu sehen gewesen sein. Sie waren halb Mensch, halb Tier. Und in den Wäldern der Umgebung fand man des Öfteren Blutspuren. Die Kreaturen kamen, da waren sich die Ortskundigen sicher, aus einem tiefen Loch im Felsen. Denn genau dort befände sich ein Weg in die Unterwelt: eine direkte Verbindung zur Hölle.

Burg Houska wurde also aus keinem geringeren Grund errichtet, als dieses Tor zur Hölle zu verschließen. Sie dient demnach als eine Art Schutzwall zwischen unserer Welt und der des Bösen. Und es scheint zu funktionieren, denn seit dem Bau der Burg wurden keine der Höllenwesen mehr gesichtet.

Im Mittelalter war der Schrecken, der von diesem Loch ausging, noch sehr präsent. So sollen Gefangene die Wahl gehabt haben, entweder zum Tode verurteilt zu werden oder aber hinab in die Tiefe zu steigen. Ein Verurteilter wählte das Ungewisse: Er stieg in die Höhle hinab. Kurz darauf sei ein von Schmerz verzerrter Schrei zu hören gewesen. Als man den Bedauernswerten herauszog, war er um 30 Jahre gealtert. Bald danach verstarb er.

»BURG HOUSKA WURDE ALSO AUS KEINEM GERINGEREN GRUND ERRICHTET, ALS DIESES TOR ZUR HÖLLE ZU VERSCHLIEẞEN.«

TIPPS & INFOS

WISSENSWERT: In jüngerer Zeit macht die Burg erneut mit Gerüchten auf sich aufmerksam. Als die Burg im Sudentenland im Zweiten Weltkrieg von den Nationalsozialisten besetzt war, sollen hier grausame Experimente durchgeführt worden sein. Dazu soll man sich der Höllenmächte bedient haben. Auch von Exorzismus ist die Rede. Was wirklich vor sich ging, ist aber nicht bekannt.

ANREISE: Den Weg zur Burg legt man am besten mit dem Auto zurück. Ein paar Minuten Fußweg entfernt befindet sich ein Parkplatz. Die nächste Stadt ist Česká Lípa. Hier gibt es gemütliche Cafés, einen historischen Stadtkern und ein lohnendes Museum über die Geschichte der Region.

INFO: hradhouska.cz; muzeumcl.cz

Vorsicht vor Blutsaugern: Eventuell geistert Graf Dracula persönlich hier umher.

6 SCHLOSS BRAN

Wo Vlad Țepeș sein Unwesen trieb … oder nicht

»Plötzlich bemerkte ich, dass der Fahrer die Kutsche in einen Hof einer gewaltigen, freilich schon sehr verlassenen Burg lenkte. Aus den hohen schwarzen Fenstern drang kein Lichtstrahl.« So beschrieb der Protagonist Jonathan Harker im Schauerroman »Dracula« den unheilvollen Moment, als sie sich dem Vampirschloss näherten.

Und es stimmt: Auf einem Hügel in den Karpaten in Transsilvanien thronend, umgeben von einer nebelverhangenen Landschaft, erweckt das Schloss Bran den Eindruck, als sei es direkt einer Gruselgeschichte entsprungen.

Die steinernen Wände der Festung scheinen Geheimnisse zu flüstern, während das Licht nur zaghaft durch die schmalen Fensterschlitze dringt. Düstere Gänge, knarrende Treppen und eiskalte Gemächer versetzen Besucher unvermittelt in die richtige Stimmung. In den Ausstellungsräumen lassen sich Artefakte vergangener Jahrhunderte entdecken, die von einer blutigen Geschichte und Grausamkeit zeugen. Prominent hängt das Porträt von Vlad III. Drăculea, besser bekannt als Vlad Țepeș der Pfähler, an der Wand. Dabei hat das historische Vorbild der Romanfigur Schloss Bran wahrscheinlich nie betreten. Beim Anblick der Folterinstrumente im Keller der Burg braucht man nur wenig Fantasie, um sich vorzustellen, welche Schrecken und Grausamkeiten sich mit solchen Instrumenten zugetragen haben. Erbaut wurde das Schloss von den Kronstädter Sachsen, einem deutschen Ritterorden. Ab 1920 ließ Königin Maria von Rumänien Bran zur Sommerresidenz erweitern.

TIPPS & INFOS

SEHENSWERT: Wer weiter durch Rumänien reist, kann der Burg Poenari in der Region Argeș in den Karpaten einen Besuch abstatten. Die spektakulär auf einem Felsen über einem Fluss gelegene Burg wurde wohl tatsächlich von Vlad Țepeș genutzt. Poenari ist weniger touristisch erschlossen und hat umgeben von wilder Natur mehr von ihrem ursprünglichen Charme behalten.

AKTIV: Der Hoia-Baciu-Wald in der Nähe von Cluj-Napoca, etwas weiter entfernt von Bran, gilt als einer der gruseligsten Wälder der Welt.

INFO: bran-castle.com

Er gilt nicht zu Unrecht als einer der gruseligsten Wälder der Welt: Hoia Baciu.

7 HOIA BACIU

Das Bermuda-Dreieck in Rumäniens Wäldern

Die Bäume sind dicht beieinander gewachsen, das Licht fällt diffus auf den Waldboden. Die Stille ist nahzu greifbar, wenige Geräusche lassen die Nackenhaare zu Berge stehen. Allein der Name »Transsilvanien« reicht aus, um die inneren Antennen auf Grusel einzustellen. Kaum eine Region Europas ist mehr mit dem Schaurigem verknüpft als die Heimat des sagenumwobenen Graf Dracula in Rumänien. Kein Wunder also, dass auch der transsilvanische Wald Hoia Baciu in der Nähe der Stadt Cluj-Napoca als einer der unheimlichsten der Welt gehandelt wird. Es sind Legenden wie die um einen Schäfer, welcher der Wald die Bezeichnung »europäisches Bermuda-Dreieck« zu verdanken hat: Einst soll ein Hirte mitsamt 200 Tieren hier einfach spurlos verschwunden sein. Weder tot noch lebendig hat man ihn und seine Herde je wieder gesehen. Eine andere Erzählung berichtet von einem Mädchen, das für fünf Jahre im Wald verschollen gewesen sein soll. Als man es fand, trug es dieselben Kleider wie bei seinem Verschwinden, und an die vergangenen fünf Jahre konnte es sich nicht erinnern. An dem schon unheimlich klingenden Teufelssee sollen Geister spuken. Gar von einem Portal in eine andere Dimension ist die Rede. Eine auffällig kreisrunde Lichtung soll angeblich nichts anderes als ein Ufo-Landeplatz sein. Wie auch immer: Hoia Baciu ist ein Ort, der den Herzschlag auf einer Wanderung durch den Wald etwas erhöht. Ob nun Wahrheit oder Fantasie, in den dichten, abgeschiedenen Wäldern fühlt man `sich wahrlich in eine andere Welt versetzt und lässt den Alltag schnell hinter sich. Ob aus Angst oder zur Erholung ist ist wohl Typsache.

TIPPS & INFOS

ANREISE: Wer das Schloss Bran besucht, braucht etwa vier Stunden mit dem Auto zum Hoia Baciu im Nordwesten Rumäniens. Von der Stadt Cluj-Napoca sind es noch rund 15 Kilometer zum Spukwald.

AKTIV: Mutige trauen sich nachts in den Wald. Wer dabei auf Nummer sicher gehen will, der schließt sich am besten einer Gruppe an. Nachtführungen in den Hoia Baciu gibt es zum Beispiel bei Tripadvisor unter den Stichworten »Night Tour Hoia Baciu Forest«.

INFO: hoiabaciuforest.com; tripadvisor.com

Um die ungewöhnlichen Steinformationen ranken sich viele Legenden.

8 POBITI KAMANI

Monströser Steinwald

Raschelndes Laub, weicher Waldboden – wer dies bei einem schönen Waldspaziergang erwartet, liegt im Pobiti Kamani falsch. Nicht weit entfernt von der Hafenstadt Varna liegt die einzige Wüste des Landes und darin der sagenumwobene »Steinerne Wald«. Über ein riesiges Areal verteilt ragen in der kargen Landschaft mal vereinzelt, mal irritierend geordnet geheimnisvolle Säulen wie versteinerte Bäume aus dem Boden. Waren hier übernatürliche Kräfte am Werk? Die ungewöhnlichen Steinformationen beschäftigten schon jene Menschen des Altertums, die den Steinwald als einen heiligen Ort behandelten. In die Steinskulpturen interpretierten sie aber auch versteinerte Tiere, Monster und mythische Wesen. Auch heute noch glauben viele an eine besonders starke energetische Kraft, die von den Steinen freigesetzt wird. Wer durch den Pobiti Kamani streift, fühlt sich wie in der Kulisse eines Science-Fiction-Films, so unnatürlich wirken die Steinformationen.

Die Entstehung der Pobiti Kamani bleibt bis heute ein Rätsel. Denn was es genau mit den Felsen auf sich hat, ist noch immer nicht vollends geklärt. Bis zum Anfang des 19. Jahrhunderts wurden die Steinsäulen für die Überreste einer griechischen Stadt gehalten. Heute vermutet man, dass sie sich entweder vor etwa 50 Millionen Jahren als Ablagerungen von Korallen und Algen auf dem Meeresboden ansammelten oder durch die Kombination von Sand, Kalk und Mineralien entstanden. Im Laufe der Zeit könnte die Erosion die umliegenden Schichten abgetragen und die beeindruckenden Steinformationen freigelegt haben.

Die Steine waren ein heiliger Ort im Altertum.

TIPPS & INFOS

SEHENSWERT: In der Hafenstadt Varna gibt es viel zu sehen: Das Archäologische Museum, die Römischen Thermen von Odessos oder die Kathedrale der Heiligen Jungfrau Maria sind nur einige der Sehenswürdigkeiten.

ANREISE: Am unkompliziertesten geht es mit dem Auto. Nur etwa 18 Kilometer liegt der Steinerne Wald von Varna entfernt. Wer öffentlich anreist, verbindet eine Busfahrt mit einer kleinen Wanderung: Die Linie 43 fährt vom Stadtzentrum in Varna bis nach Slanchevo. Von dort ist es noch ein Fußweg von etwa drei Kilometern.

INFO: visit.varna.bg/de/stone_forest_2.html

»DIE UNGEWÖHNLICHEN STEINFORMATIONEN BESCHÄFTIGTEN SCHON JENE MENSCHEN DES ALTERTUMS, DIE DEN STEINWALD ALS EINEN HEILIGEN ORT BEHANDELTEN.«

Der Wanderweg führt vorbei an den Megalith-Grabanlagen.

9 BROCÉLIANDE

Im Wald von König Artus

König Artus, Zauberer Merlin und die Tafelrunde: Tief im Herzen der Bretagne liegt der zauberhafte Wald Brocéliande, in dem die Artusgeschichten ihren Ursprung nahmen. In den Artusromanen des 12. Jahrhunderts vermischen sich keltische Legenden und die Historie. Hier im Wald Brocéliande, der eigentlich Paimpont heißt, ist man mittendrin. Direkt hinter dem Schloss Comper funkelt dunkel ein See. Der Legende nach hat Merlin seiner geliebten Viviane am Grund des Sees ein Unterwasserschloss aus Kristall errichtet, in dem die Fee den wohl berühmtesten Ritter der Tafelrunde großzog: Lancelot. Schaurig wird es dann im Val sans Retour, dem Tal ohne Wiederkehr. Hier soll die berüchtigte Morgan le Fay, König Artus' Gegenspielerin und Halbschwester, nicht nur ihre untreuen Liebhaber gefangen halten haben, sondern generell jene Ritter, die es mit der Treue nicht so genau nahmen. Hier liegt auch der sogenannte Feenspiegel, ein kleiner See, dessen Oberfläche gespenstisch verzerrte Spiegelungen zeigt. Die sagenhaften sieben Schwestern gewähren hier Zugang zur keltischen Anderswelt. Auch Merlins Grab findet sich im nördlichen Teil des von Megalithen übersäten Eichen- und Kiefernwaldes, so sagt es zumindest die Legende. Megalith-Grabanlagen gibt es übrigens so einige im Wald von Brocéliande. Neben dem sogenannten »Grab der Riesen« versprüht der Garten der Mönche, eine Bestattungs- und Kultanlage, die mehr als 3500 Jahre alt ist, schaurige Vibes.

TIPPS & INFOS

SEHENSWERT: Ein absolutes Highlight ist der Besuch des Schlosses von Comper, das eng mit der Artussage verbunden ist. Hier kann man sich ausmalen, wie König Artus und die Ritter der Tafelrunde einst in prächtigen Rüstungen wandelten. Das Centre de l'Imaginaire Arthurien zeigt mehr zu den Hintergründen und Verknüpfungen der Artussaga.
AKTIV: Auf dem markierten Wanderweg »Sentier des Légendes« geht es zu den berühmtesten Orten der Artuslegende. Während man durch den Wald wandert, taucht man ein in die magische Welt der keltischen Mythologie, die den Wald umgibt.
INFO: tourisme-broceliande.bzh/de/la-foret

Fürchterliches hat sich in der Vergangenheit in der Burg der sogenannten Blutgräfin zugetragen.

10 BURG ČACHTICE

Tatort der Blutgräfin Báthory

Umgeben von dichtem Wald liegt in den Kleinen Karpaten eine Burgruine, in deren Mauern so viel Schreckliches geschehen ist, dass man es sich nicht auszumalen vermag. Hier auf Burg Čachtice lebte an der Wende vom 16. zum 17. Jahrhundert die Gräfin Elisabeth Báthory, besser bekannt – oder sagen wir berüchtigt – als die »Blutgräfin«.

Sie soll über Jahre hinweg zusammen mit ihren Gehilfen rund 600 Mädchen auf brutale Weise gefoltert und getötet haben, um an ihr Blut zu kommen. Dieses, so dachte sie, werde sie auf ewig jung halten.

Die Bewohner der umliegenden Dörfer stolperten im Wald immer wieder auf blutleere Leichen. War die Gräfin etwa ein Vampir? Reichskanzler Thurzó nahm Ermittlungen auf. Bei seinem Besuch auf der Burg bestätigten sich die Gerüchte: Es roch barbarisch, Fliegen schwirrten umher, die Beweise waren erdrückend. Elisabeth Báthory wurde vor Gericht gestellt, jedoch aufgrund ihres einflussreichen Adelsstandes nicht mit dem Tod bestraft, sondern in der Burg gefangen gehalten. Ob sie, wie man sich auch erzählt, eingemauert wurde, ist nicht belegt. Ihren Mitangeklagten wurde schnell der Prozess gemacht: Sie wurden auf dem Scheiterhaufen hingerichtet.

Die Burg gehörte zu den königlichen Grenzburgen, die die Westgrenze von Großungarn schützten. Sie wurde in der ersten Hälfte des 13. Jahrhunderts erbaut und im 15. Jahrhundert erweitert. Während der Rebellionen der Stände im Jahr 1708 wurde die Burg von Franz Rákóczis Truppen niedergebrannt. Der Burgturm, in dem die Blutgräfin angeblich ihre Strafe verbüßte, ist heute noch erhalten.

TIPPS & INFOS

AKTIV: Die Slowakei ist berühmt für ihre heilenden Quellen. Im nahegelegenen Spa Trenčianske Teplice kann man es sich so richtig gutgehen lassen und die verjüngende Wirkung (ganz ohne ein Blutbad) genießen.

ANREISE: Vom Dorf Čachtice führt eine Straße zur Burg, die man auch mit dem Auto befahren kann. Von der Hauptstadt Bratislava sind es mit dem Auto rund eineinhalb Stunden bis nach Čachtice.

INFO: cachtickyhrad.eu; kupele-teplice.sk/uvod

Warum sind diese Bäume krumm? Das kann bis heute niemand sicher erklären.

11 KRZYWY LAS

Ein Wald aus krummen Bäumen

Sollte man für eine Gruselgeschichte einen Wald zeichnen, er würde wohl so aussehen wie der Krzywy Las in Westpommern, Polen. Ins Deutsche lässt sich der Name mit »Krummer Wald«, übersetzen – und kein anderer wäre naheliegender. Hunderte Kiefern stehen hier, die allesamt eigenwillig gekrümmt sind und in ihrer Fülle eine eigentümliche und düstere Kulisse bilden. Was der Grund für die gebogenen Stämme ist, darüber scheiden sich die Geister. Manche sagen, die durchfahrenden Panzer im Zweiten Weltkrieg seien schuld, andere sehen gleich die dunklen Mächte allgemein in der Verantwortung. Die Ursache für die deformierten Kiefern ist bis heute ungeklärt – was natürlich zur geheimnisvollen Aura des Waldes noch beiträgt.

Einheimische erzählen von Geistern und magischen Wesen, die angeblich an diesem mystischen Ort ihr Unwesen treiben. Ob man an diese geheimnisvollen Überlieferungen glaubt oder nicht, ist jedem selbst überlassen. Doch dass die krummen Bäume die Fantasie anregen, merkt man beim Spaziergang am eigenen Leib. Kam das Rascheln gerade wirklich von einem Tier? War da nicht ein seltsamer Schatten? In der Abgeschiedenheit des Waldes scheinen so manche Schauergeschichten Realität zu werden. In der Dämmerung und an nebligen Tagen ist die Atmosphäre besonders schaurig. Wenn diffuses Licht oder dichte Nebelschwaden die knorrigen Äste gespenstisch in Szene setzen, ist der Streifzug durch den Krzywy Las wahrlich nichts für zarte Gemüter.

TIPPS & INFOS

ANREISE: Der Krzywy Las befindet sich in der Nähe des Dorfes Nowe Czarnowo in der polnischen Woiwodschaft Westpommern, etwa 70 Kilometer von Stettin entfernt. Anreisen kann man mit dem Auto und parken entweder in der Nähe des Eingangs oder auf einem nahegelegenen Parkplatz.
SEHENSWERT: Das Schloss Człuchów ist eine mittelalterliche Festung in Westpreußen, die vom Deutschen Orden errichtet wurde. Das gut erhaltene Schloss ist von einer malerischen Landschaft umgeben und bietet interessante Einblicke in die Geschichte der Region.
INFO: krzywylas.pl

Der Eintritt in die Hölle soll dieses Tor sein, so sagt man jedenfalls. Wer traut sich hinein?

12 SACRO BOSCO

Im Park der Ungeheuer

In einem dicht bewaldeten Tal in der Nähe von Bomarzo in der italienischen Region Latium liegt ein verwunschener Hain, der vielleicht der Inbegriff des Schaurig-Schönen ist. Seine Geschichte erzählt von einer großen Liebe, Tod und wilden Kreaturen.

Als der letzte Feudalherr von Bomarzo im Jahr 1564 seine Frau verlor, ließ er in ihrem Gedenken das Wäldchen zu einem Park umgestalten. Doch wer romantische Liebesskulpturen und Rosenbüsche erwartet, liegt völlig falsch. Steinerne Ungeheuer mit aufgerissenen Fratzen, mysteriöse Figuren wie der Höllenhund Cerberus, Furien, Drachen oder Sirenen, ein schiefes Haus und Pfade, die sich labyrinthartig verzweigen und spätestens nach dem dritten Abbiegen jegliche Orientierung rauben, machen den Sacro Basco zu einem Erlebnis, das seinesgleichen sucht. Parco dei Mostri – Park der Ungeheuer – ist ein Name, der nicht zu Übertreibungen neigt. Nach dem Tod des Auftraggebers geriet der gruselige Park in Vergessenheit. Erst im 20. Jahrhundert – sage und schreibe 360 Jahre später – entdeckte man den nun vollkommen verwilderten Park wieder. Einer der ersten Besucher war kein Geringerer als Salvador Dalí, der einige Motive in seine Kunst einfließen ließ. Die berühmteste Figur des Parks ist die Fratze des römischen Gottes der Unterwelt Orkus. Mit weit aufgerissenem Mund und scharfen Zähnen bildet er das Tor zur Hölle. Wer hindurchschreitet, wird von einem Tisch begrüßt, der zum Bankett einlädt.

TIPPS & INFOS

WISSENSWERT: Wer das schiefe Haus im Sacro Bosco betritt, merkt schnell, dass ihn ein Schwindel überkommt. Und genau das war beim Bau die Intention: Man wollte die Besucher verwirren und den Realitätssinn auf die Probe stellen. Unweit des Sacro Bosco kann man im Wald eine gut versteckte Etrusker-Pyramide erkunden, einen der größten Felsaltare Europas.

ANREISE: Der Sacro Bosco bei Bomarzo liegt nur eine gute Autostunde nördlich von Rom. Mit den öffentlichen Verkehrsmitteln fährt man vom Bahnhof Roma Tiburtina in etwa 30 bis 40 Minuten bis nach Orte Scalo und von dort mit dem Bus weiter nach Bomarzo.

INFO: sacrobosco.eu; piramide-etrusca.it

Der Ausblick über die Dubliner Berge ist beeindruckend.

»WÄHREND SCHWARZER MESSEN, BEI DENEN DER TEUFEL SELBST ANWESEND GEWESEN SEIN SOLL, KAMEN NICHT IMMER ALLE BETEILIGTEN LEBEND DAVON.«

13 MONTPELIER HILL

Spielplatz des Hellfire Clubs

Satanische Rituale, Menschenopfer, wilde Orgien – was hinter den Mauern des abgelegenen Jagdanwesens auf dem Montpelier Hill stattgefunden haben soll, ist legendär. 1737 versammelte sich rund um den Maler James Worsdale eine Gruppe Adliger. Sie nannten sich Hellfire Club und trafen sich in Dublin für Trinkgelage und Exzesse. Das und die Nähe zu den Freimaurern sorgte für einen zweifelhaften Ruf. Das Jagdwesen der Familie Conolly etwas außerhalb von Dublin war der perfekte Ort, um ungestört zu feiern und geheimnisvolle Rituale abzuhalten, so heißt es zumindest. Denn die Wahl des Anwesens war schicksalshaft …

Das Anwesen war in den Dubliner Bergen auf dem Gelände einer antiken megalithischen Stätte errichtet worden, direkt auf einer Grabanlage. Der Besitzer ließ das Grab abtragen, das als Verbindungstor zur keltischen Anderswelt galt. Archäologen haben bestätigt, dass das heutige Hellfire-Gebäude aus denselben Steinen gebaut wurde, die ursprünglich für den Bau des antiken Megalithgrabs verwendet wurden. Seitdem sollen die Feen auf Rache aus sein; das Dach wurde zerstört, der Hausherr starb nur wenige Jahre nach der Fertigstellung eines mysteriösen Todes. Genau die richtige Umgebung also für den okkulten Hellfire Club Dublin. Schädel zierten die Wände, Geheimtunnel führten zu rätselhaften Kammern. Während schwarzer Messen, bei denen der Teufel selbst anwesend gewesen sein soll, kamen nicht immer alle Beteiligten lebend davon. Heute liegt das Haus überwiegend in Trümmern, und über die Wahrheit darüber, was hinter den verschlossenen Türen tatsächlich passierte, lässt sich nur spekulieren.

TIPPS & INFOS

ANREISE: Mit dem Auto braucht man von Dublin eine gute halbe Stunde. Parkplätze gibt es in der Nähe, doch früh kommen lohnt sich vor allem an Wochenenden. Ein vier Kilometer langer Rundweg führt zum Jagdanwesen und in die Natur ringsum.

AKTIV: In Dublin geht es auf der Haunted History Walking Tour zu den gruseligsten Orten der Stadt. Und an Sagen und Legenden hat Dublin einiges zu bieten.

INFO: dublin.ie/live/stories/the-hell-fire-club; visitdublin.com/the-haunted-history-walking-tour-hidden-dublin-walks

Hier traf sich der Hellfire Club
zu okkulten Zeremonien.

Die Tropfsteinhöhlen wurden erst Mitte der 70er-Jahre für die Öffentlichkeit zugänglich gemacht.

Der Fluss Orbe fließt an der Höhle vorbei.

14 DIE FEENGROTTEN BEI VALLORBE

Im Reich der Feen

Donat, ein Schmied aus Vallorbe, traf auf eine Fee, die in der nahegelegenen Grotte mitten im dichten Wald lebte. Sie fragte ihn, ob er bei ihr bleiben wolle und versprach ihm für seine Gesellschaft jeden Tag eine Perle und ein Goldstück – unter einer Bedingung: Er durfte sie nicht in ihren Gemächern aufsuchen. Donat stimmte zu, war aber neugierig und schlich sich, als die Fee schlief, in ihr Gemach. Dort sah er, dass die Füße der Fee verunstaltete Krähenfüße waren. Die Fee erwachte und drohte ihm mit Strafe, falls er ihr Geheimnis verraten würde. Doch Donat rannte in sein Dorf und erzählte jedem, was er gesehen hatte. Als er seine Perlen und Goldstücke als Beweise vorzeigen wollte, hatten sich diese in Wacholderbeeren und Laub verwandelt. Die Bewohner schalten ihn einen Lügner. Donat verließ gedemütigt das Dorf und verschwand spurlos.

Als die Tropfsteinhöhlen im Wald bei Vallorbe 1961 entdeckt und 1974 für die Öffentlichkeit zugänglich gemacht wurden, verzauberten sie ihre Besucher auf den ersten Blick, und das bis heute. Bei dem etwa eine Stunde dauernden Rundweg unter der Erde gibt es nicht nur Stalaktiten und Stalagmiten zu sehen, sondern auch fremdartig anmutende Formationen. In den Jahrtausenden, in denen sich die Orbe durch den Fels grub, verwandelte sich die Höhle in ein Wunderwerk der Natur. Feines Feenhaar hängt von der Felsdecke, und mächtige Gebilde türmen sich in die Höhe, die an wilde Tiere oder Burgen erinnern.

»FEINES FEENHAAR HÄNGT VON DER FELSDECKE, UND MÄCHTIGE FORMATIONEN TÜRMEN SICH IN DIE HÖHE, DIE AN WILDE TIERE ODER BURGEN ERINNERN.«

TIPPS & INFOS

SEHENSWERT: In den Höhlen kann man die Ausstellung »Der Feenschatz« anschauen, in der mehr als 250 Mineralien aus aller Welt in vier in den Felsen gehauenen Kuppelsälen ausgestellt sind. Eine bunte Glitzerwelt aus Stein. Für den Besuch der Grotten lohnt es sich, vorab die kostenlose App mit Audioguide, Virtual Reality und Videomaterial herunterzuladen. In den Grotten reift übrigens auch Käse. Er wird hergestellt in der Käserei von Lignerolle und ist nach vier Monaten unter Tage perfekt zum Verkehr. Der Käse kann direkt am Kiosk vor Ort gekauft werden.

ANREISE: Vallorbe liegt eine knappe Stunde von Lausanne und drei Stunden von Basel entfernt. Mit dem Bus 613 geht es in Vallorbe vom Bahnhof Le Day zu den Feengrotten.

INFO: grottesdevallorbe.ch/de/die-grotten

15 SCHLOSS DRAGSHOLM

Zwischen Spukgeschichten und Michelin-Restaurant

An freundlichen Tagen in Sonnenschein getaucht, zeigt sich das Schloss Dragsholm im dänischen Hørve als romantisches Traumschloss. Doch hinter den weißen Mauern verbirgt sich eine düstere Vergangenheit, was dem Gebäude den Ruf als Gruselschloss eingebracht hat. Das ursprüngliche Schloss Dragsholm wurde bereits um das Jahr 1215 erbaut. Als Wehranlage trotzte es im 16. Jahrhundert den Fehden des Grafen und wurde auch als Gefängnis genutzt. Das heutige Barockschloss stammt aus dem späten 17. Jahrhundert. Der Legende nach verliebte sich die Tochter des Schlossherrn in einen einfachen Jungen aus der Dienerschaft. Als der Vater dem Liebespaar auf die Schliche kam, ließ er seine Tochter zwischen den dicken Wänden einmauern, wo sie qualvoll verhungerte. Seither soll ihr ruheloser Geist als »weiße Dame« im Schloss umherspuken, immer auf der Suche nach ihrem Geliebten. Bei Renovierungsarbeiten in den 1930er-Jahren entdeckte man tatsächlich ein Loch in einer Mauer. Darin: ein Skelett umhüllt von einem weißen Kleid. Doch die weiße Dame ist nicht die einzige Spukgestalt, die bis heute im Schloss Dragsholm ihr Unwesen treibt. Auch der Geist des Grafen von Bothwell, der als dritter Ehemann von Maria Stuart der prominenteste Gefangene war, soll regelmäßig auf dem Hof unterwegs sein. Nach fünf Jahren in Ketten verstarb er 1578 dem Wahnsinn verfallen im Schloss und wurde in der nahen Fårevejle Kirke bestattet. Bis vor einigen Jahren konnte man Bothwells mumifizierten Leichnam im Sarg betrachten, heute ist dieser hinter einer Holzverkleidung verborgen.

TIPPS & INFOS

WISSENSWERT: Heute ist Schloss Dragsholm ein 4-Sterne-Hotel, in dem tagsüber nichts von den Spukereien zu erahnen ist. Doch wer weiß, was nachts vor sich geht? Ein Aufenthalt im Schloss Dragsholm verspricht somit nicht nur Komfort und Luxus, sondern auch die Möglichkeit, in die geheimnisvolle Vergangenheit des Schlosses einzutauchen. Das schlosseigene Gourmetrestaurant Slotskøkkenet hat sich den Ruf als eines der besten Restaurants Dänemarks und einen Michelin-Stern erkocht. Auch das Dragsholm Slot Bistro ist eine absolute Empfehlung.

AKTIV: Das 12. Jahrhundert aus nächster Nähe erleben, das geht in der historischen Werkstatt Ulvsborg. Im Erlebniscenter ist man hautnah beim Übergang von der Wikingerzeit ins Mittelalter in Dänemark dabei – entweder als Sklave, bei den Ritterspielen, beim Markttag oder beim Bogenschießen.

INFO: dragsholm-slot.dk/dragsholm-slot/de; ulvsborg.dk

Im Schloss Dragsholm treiben Geister ihr Unwesen.

Eine Wendeltreppe führt den Brunnen von Schloss Quinta da Regaleira hinab (links), auch der labyrinthartige Garten ist mysteriös (unten).

16 DIE PALÄSTE VON SINTRA

Wo Exzentriker ihre mystischen Träume verwirklichten

Hier oben in den Wäldern bei Sintra ist es merklich kühler als an der Küste. Oft macht sich Nebel zwischen den Bäumen breit, die Luft riecht würzig und nach dem Salz des nahen Meeres. Unweit von Lissabon sind die Wälder eine Oase zum Durchatmen und eine Zuflucht für Mensch und Tier. Schon während der muslimischen Eroberungen entwickelte sich hier ein Ort der Sommerfrische. Davon zeugt die maurische Ruine Castelo dos Mouros aus dem 8. oder 9. Jahrhundert. Auch später kamen Adlige aus der Hauptstadt, um hier oben der flirrenden Hitze zu entfliehen. Verstreut zwischen knorrigen Pinien und dichten Farnwäldern stehen heute noch die imposanten Schlösser und herrschaftlichen Villen, die in ihrer Pracht direkt aus den mittelalterlichen Minnesängen entsprungen sein könnten. Mit seinen bunten Farben überstrahlt der Nationalpalast von Pena alle anderen. Er wurde 1840 im Auftrag von Ferdinand von Sachsen-Coburg und Gotha als Sommerresidenz auf den Ruinen eines alten Klosters errichtet. Auch wenn der Name nicht gerade fröhlich klingt, Pena bedeutet im Portugiesischen Kummer. Ein Millionär baute die Quinta da Regaleira, den wohl geheimnisvollsten Palast im Wald von Sintra. Fasziniert von Mystik und sagenumwobenen Geheimorden, errichtete er neben seinem Anwesen einen verwunschenen Garten mit labyrinthartigen Wegen und höhlenhaften Geheimgängen. Berühmt ist heute vor allem der Brunnen. Eine geheimnisvolle steinerne Wendeltreppe führt hinab in die Dunkelheit. Im Garten mit Geheimgängen und Tunneln finden sich immer wieder rätselhafte Symbole. Ob hier okkulte Rituale stattgefunden haben, wie man munkelt? Vorstellen kann man sich das gut …

TIPPS & INFOS

SEHENSWERT: Einen Kontrast zum Prunk der noblen Anwesen bildet das ehemalige Kloster Convento dos Capuchos. Über viele Jahrhunderte lebten hier Kapuzinermönche in völliger Abgeschiedenheit. Heute liegt das Kloster verlassen da, und die Natur hat wieder die Regie übernommen.
ANREISE: Sintra liegt 25 Kilometer westlich von Lissabon. Da es nur wenige Parkplätze gibt und die Stadt gut mit dem Zug zu erreichen ist, kommt man am einfachsten auf der Schiene.
INFO: visitportugal.com/de/content/sintra-entdecken

Sind das tatsächlich Pyramiden hier in Visoko?

17 DIE PYRAMIDEN VON VISOKO

Beweise für eine alte Hochkultur?

Die Pyramiden von Gizeh oder die Maya-Pyramiden kennen die meisten – aber Pyramiden in Bosnien und Herzegowina? Davon hätte man doch schon einmal gehört, oder? Zugegeben: Das Thema rund um die Pyramiden von Visoko wird kontrovers diskutiert. Fakt ist: In Visoko stehen Hügel, die verdächtig pyramidenförmig aussehen. Für den Bosnier Semir Osmanagić ist die Sache völlig klar. Es handelt es sich um die Überreste antiker Bauten, weit älter als die Pyramiden in Ägypten und nichts weniger als der Beweis für eine damalige Hochkultur. Die Wissenschaftswelt hingegen ist gelinde gesagt skeptisch. Man sieht hier nichts weiter als natürliche geologische Formationen, die durch Erosion, Verwitterung und Ablagerung von Sedimenten entstanden. Fünf »Pyramiden« sind es. Die sogenannte Sonnenpyramide ist mit 220 Metern die größte der fünf Erhebungen im Tal. Die vier restlichen werden Mondpyramide, Pyramide des bosnischen Drachen, Tempel der Mutter Erde und die Pyramide der Liebe genannt. Mysteriös ist, dass die Pyramiden von Sonne, Mond und Drachen ein perfektes gleichseitiges Dreieck bilden mit einem Abstand von jeweils 2170 Metern zwischen den Spitzen. Etwa ein Zufall? Wie unter Pyramiden anderer Kulturen wollen Befürworter der Pyramidentheorie auch Verbindungswege zwischen vermeintlichen Grabkammern entdeckt haben. Ein Teil des Tunnelsystems wurde tatsächlich freigegraben. Skeptiker lassen sich davon nicht überzeugen: Sie sehen hier Überreste alter Minen.

TIPPS & INFOS

SEHENSWERT: Nur 35 Kilometer von Sarajevo entfernt, lohnt sich ein Abstecher in die Hauptstadt unbedingt. Die Stadt lockt als kultureller Schmelztiegel zwischen Orient und Okzident. In Sachen schaurig-schön lockt Sarajevos Bobbahn, siehe dazu Reiseziel 24.

WISSENSWERT: Wer noch mehr in Bosnien entdecken will, wendet sich an die kleine Agentur .Cheyf. Von einem deutsch-bosnischen Ehepaar geführt, bietet sie auf persönliche Wünsche maßgeschneiderte Touren an; egal ob Urban Hike in Sarajevo, Weintouren durch Bosnien oder individuelle Programme nach den eigenen Vorlieben.

INFO: piramidasunca.ba/de; cheyf.ba

Vom Eiskeller zum Mausoleum: In der Eigentümerfamilie spielten sich Dramen ab.

18 DIE PYRAMIDE VON RAPA

Freimaurer und der Fluch des Pharaos

Mitten im Wald in der Nähe einer kleinen masurischen Ortschaft namens Rapa, oder deutsch Angerapp, steht eine Pyramide einer ganz anderen Art. Im Inneren befinden sich die Überreste einer Adelsfamilie. Bereits der Ort für den Bau der Pyramide soll nicht zufällig ausgewählt worden sein. Die Einwohner sollen von einem »Ort der Macht« gesprochen haben, denn hier verläuft angeblich ein energetisches Kraftfeld einer sogenannten Ley-Linie, die wohl von Schweden bis zu den Pyramiden von Gizeh führt. Der Auftraggeber des ab 1811, andere Quellen sagen 1795, errichteten Bauwerks, Johann Friedrich Wilhelm von Fahrenheid, galt damals als reichster Mensch Ostpreußens. Er war gut bekannt mit König Friedrich Wilhelm II. Beide waren Freimaurer, was für Spekulationen rund um die Funktion der Pyramide sorgte. Diente sie geheimen Ritualen, oder war es reine Ägyptenbegeisterung? Ursprünglich sollte die Pyramide wohl als Eiskeller dienen, wieso das Bauwerk aber zu einer exzentrischen Grabstätte wurde, ist nicht ganz klar. Legenden besagen, dass Familiendramen der Grund für den Bau der Pyramide waren. Eine besagt, dass die Tochter des Barons im Alter von drei Jahren an Scharlach verstarb. Das Mädchen soll erkrankt sein, nachdem es die goldene Anubis-Statue aus der Kollektion ihres Vaters berührt hatte. War es der Fluch des Pharaos? Waren es Streitigkeiten und Affären, die im Tod der Familienmitglieder gipfeln? Fakt ist, dass sieben Tote in der Pyramide bestattet wurden, allesamt auf mysteriöse Weise mumifiziert.

TIPPS & INFOS

WISSENSWERT: In den beiden Weltkriegen wurde das Mausoleum von Soldaten verwüstet, die Särge geöffnet und angeblich die Köpfe entfernt. Anschließend verwahrloste das Bauwerk. Als in den 1990er-Jahren die Pyramide unter Denkmalschutz gestellt wurde, mauerte man den Zugang zu, verschloss die Särge und führte Renovierungsarbeiten durch.
ANREISE: Rapa, beziehungsweise Angerapp, liegt nur zwei Kilometer vor der russischen Grenze in der Woiwodschaft Ermland-Masuren. Mit dem Auto ist Rapa knapp vier Stunden von Danzig und 4,5 von Warschau entfernt. Vor Ort gibt es einen gut ausgeschilderten und kostenlosen Parkplatz.
INFO: atrakcje.mazury.pl/piramida-rapa

Die Karossen der alten Wagen rosten im Wald.

»AN MANCHEN DER VERROSTETEN KAROSSERIEN ZEIGEN SICH NOCH RESTE DER URSPRÜNGLICHEN LACKIERUNG, ANDERE SCHEINEN SCHON FAST GÄNZLICH MIT DEM WALDBODEN VERWACHSEN ZU SEIN UND SIND IM SUMPFIGEN WALDBODEN EINGESUNKEN UND MIT MOOS BEWACHSEN.«

19 AUTOFRIEDHOF KYRKÖ MOSSE

Ein Automuseum mit Zombie-Vibes

Mitten im Wald liegen Autowracks – und zwar viele. Sie sind überwuchert, und gefahren ist davon lange keins mehr. Was an eine Szene aus einem Zombiefilm erinnert, hat einen deutlich unspektakulären Hintergrund, hollywoodreif wirkt das Ganze aber allemal.

Der Autofriedhof Kyrkö Mosse bei Ryd in Småland wurde aber nicht von Untoten überrannt. Es war Åke Danielsson, der hier im Moor (Kyrkö Mosse ist eigentlich der Name des hier liegenden Moores) als Torfstecher seinen Lebensunterhalt bestritt. Doch ab den 50er-, 60er-Jahren brachte das Torfstechen nicht mehr genug ein. Stattdessen reparierte Åke Autos, schlachtete alte Wagen aus und lagerte sie hier im Wald bei seiner Werkstatt. Als er dann 1992 ins Altersheim zog, stand die Frage im Raum, was mit der Werkstatt und dem Autofriedhof passieren sollte. Es gab weder Kaufinteressenten noch Erben, die sich um das Entsorgen kümmerten. Bis heute stehen die Autos unbehelligt im Wald. Sie locken Fans von Lost Places und alten Autos gleichermaßen. VW Käfer, Opel Kadett, Citroën 2CV – einst waren sie das Symbol des Wirtschaftswunders. Wer an den verrotteten Modellen vorbeigeht, kommt nicht umhin, sich vorzustellen, wie Familien darin den Sommerferien entgegenfuhren.

Das Glas fehlt fast überall. An manchen der verrosteten Karosserien zeigen sich noch Reste der ursprünglichen Lackierung, andere scheinen schon nahezu mit dem Waldboden verwachsen zu sein, sie sind im sumpfigen Waldboden eingesunken und mit Moos bewachsen. Die Natur breitet sich längst im Einklang mit den Autowracks aus.

TIPPS & INFOS

AKTIV: Der Nationalpark Åsnen lädt mit seinem See-Archipel zum Kanufahren, Radfahren und Wandern ein. Ringsum gibt es immer wieder kleine Hofläden und Cafés zu entdecken. In der abwechslungsreichen Landschaft mit See, Moor, Sümpfen und Wäldern entdeckt man die Åsnen-Big-Five: Elch, Seeadler, Kranich, Fischadler und Prachttaucher, Idylle pur!

UNTERKUNFT: Unmittelbar nördlich von Urshult am Åsnen-See bietet Urshults Familiencampingplatz auch Übernachtungen im Glampingzelt, das mit Doppelbett und Heizung ausgestattet ist.

INFO: visittingsryd.se/de/autofriedhof-kyrko-mosse skrot.rydinfo.com; urshult-camping.se/de

Bis heute stehen die Oldtimer auf dem Autofriedhof im Wald des Kyrkö Mosse.

Das Hünengrab D27 in den Niederlanden ist eine Attraktion.

Wie genau man die Steinhaufen hierherbrachte, ist nicht zu erklären.

20 DOLMEN D27

Die Urregion Drenthe

Massive Steine, eigentümlich gestapelt. Die Steinklötze sind gigantisch. Kein Wunder, dass Menschen in früheren Zeiten davon ausgingen, die Steinformationen müssten von Hünen, also Riesen, erbaut worden sein. Wer hätte sonst die Kraft gehabt, die Steine in die Höhe zu hieven? Bei den Steinklötzen handelt es sich um ein Ganggrab, Dolmen, Megalith- oder auch Hünengrab – der Name Hünengräber kommt also nicht von ungefähr. Das größte der Niederlande liegt in Borger. Es ist sage und schreibe 23 Meter lang, die einzelnen Brocken 20 bis 40 Tonnen schwer. Sein Name: D27, denn die frühzeitlichen Gräber sind durchnummeriert. 54 der sogenannten Hunebedden sind bis heute in der Provinz Drenthe erhalten geblieben. Die meisten von ihnen liegen im Hondsrug UNESCO Global Geopark, wo man auf Entdeckungsreise in die Vergangenheit geht.

Die Menschen der Trichterbecherkultur, die vor etwa 5400 Jahren den Norden der Niederlande bewohnten, errichteten die Gräber. Sie setzten dort ihre Toten mit Grabbeigaben wie Schmuck, Waffen und Gefäßen bei. Wie die damals noch kleineren Menschen die Findlinge bewegten, kann man sich kaum vorstellen. Sie nutzten wohl Baumstämmeals Rollen für den Transport, doch der Kraftakt muss immens gewesen sein. Lange Zeit waren die Anlagen von Erde und Sand überschüttet. Noch heute ist ein Teil der Dolmen vergraben – und damit die restlichen Geheimnisse.

»WIE DIE DAMALS NOCH KLEINEREN MENSCHEN DIE FINDLINGE BEWEGTEN, KANN MAN SICH AUCH HEUTE KAUM VORSTELLEN.«

TIPPS & INFOS

WISSENSWERT: Da es in den Niederlanden niemals Gebirge gab, war es den Menschen lange Zeit ein Rätsel, wie die Steine hierhergekommen sind. Mittlerweile weiß man: Eine Eiszeit vor 150 000 Jahren brachte das Geröll mit den Eismassen.

SEHENSWERT: Beim Besuch der Dolmen sollte das Informationszentrum Hunebedcentrum ganz in der Nähe von D27 auf jeden Fall auf dem Programm stehen. Im Museum erfährt man mehr über das mysteriöse Trichterbechervolk und auch über die Geschichte der einzelnen Gräber. Um das Museum herum geht es im Urzeitpark auf Entdeckungs- und Zeitreise.

INFO: hunebedcentrum.eu/de

21 GEISTERKIRCHE LUKOVÁ

32 geisterhafte, schweigende Figuren symbolisieren die einstmals hier lebenden Gläubigen.

Kunstgespenster gegen den Verfall

Düstere Gestalten in weißen Umhängen sitzen auf den Bänken. Der Wind pfeift durch die Spalten der Türen, und jedes noch so leise Geräusch schallt durch den Raum … Die Szene könnte aus einem Albtraum stammen.
Das böhmische Hinterland wirkt verlassen. Viele Häuser sind baufällig, einige stehen leer. Das winzige Dörfchen Luková ist dabei keine Ausnahme. Das Dorf wirkt entvölkert, die Häuser heruntergekommen. An der höchsten Stelle überragt eine kleine Kirche die restlichen Gebäude. Die Kirche Sankt Georg selbst ist von außen unscheinbar. Erbaut wurde sie bereits 1352, doch im 18. Jahrhundert brannte sie aus und wurde durch einen Neubau ersetzt. Als 1968 mitten während einer Beerdigung das Dach einstürzte, war klar: Das Kirchlein musste verflucht sein. Die Menschen hielten sich fern, das Gemäuer war dem Verfall geweiht. Der Künstler Jakub Hadravá nahm sich des halb verfallenen Gebäudes an. Er fertigte 32 gepensterhafte Gestalten, die auf den Kirchenbänken sitzen oder im Chor stehen, die Gesichter tief verhüllt. Die gruselige Kunstinstallation lockt seitdem zahlreiche Besucher in die »Geisterkirche«. Der Künstler erinnert mit seinen Figuren an die einst hier lebenden Sudetendeutschen, die mit dem Ende des Zweiten Weltkrieges aus Böhmen vertrieben wurden. Viele Orte sind bis heute nahezu entvölkert.

TIPPS & INFOS

WISSENSWERTES
Die Idee hinter den Geisterfiguren ist ehrenwert: Mit der Installation will der Künstler den Stein in Richtung Zukunft zum Rollen bringen. Mit dem freiwilligen Eintrittsgeld unterstützen Besucher die Kirche. Die bisherigen Spenden reichten schon aus, um das Dach zu reparieren und andere Instandhaltungsmaßnahmen durchzuführen. Hinterlassen Sie daher gerne einen kleinen Obolus bei Ihrem Besuch.
ANREISE: Luková liegt etwas weniger als eine Autostunde von Marienbad und Pilsen entfernt. Nach Prag sind es eineinhalb Stunden.
INFO: lukova-kostel.cz

Das Gräberfeld ist eines der schönsten Denkmäler der jüngeren Eisen- und Wikingerzeit.

22 ROLD SKOV

Zwischen vorzeitlichen Relikten und Atombunkern

Uralte Buchen, spiegelglatte Seen und Relikte aus der Vorzeit. Mit einer Fläche von mehr als 80 Quadratkilometern ist der Rold Skov nicht nur das größte zusammenhängende Waldgebiet Dänemarks, sondern auch reich an Denkmälern unserer Vorfahren. Schon vor Tausenden Jahren lebten hier Menschen. Davon zeugt eine ganze Menge von Grabhügeln, die sich in den Wäldern befinden, vor allem im Bjergskoven. Eines der bekanntesten und größten Hünengräber ist Stenstuen aus der Bronzezeit. Sogar einen frühzeitlichen Kalender gibt es in den Weiten der Wälder zu sehen. Auf 70 Metern stehen Steine, die so in einer Reihe ausgerichtet sind, dass sie am Abend der Sommersonnenwende exakt auf den Punkt zeigen, an dem die Sonne hinter dem Horizont verschwindet. Ein acht Meter langes Hünengrab von vor etwa 2300 bis 2000 v. Chr. befindet sich in Suldrup und direkt angrenzend eine kleine Nebenkammer. Wer noch nicht genug von alten Steinen hat, fährt nach Aalborg: Das Gräberfeld Lindholm Høje bei Aalborg zeigt ganze 682 Gräber der späten nordischen Eisen- und Wikingerzeit. In die Rubrik »schaurig« fällt der Rold Skov auch aus einem ganz anderen Grund: Erst 2012 wurde bekannt, dass unter dem Waldboden die streng geheime Bunkeranlage REGAN Vest aus dem Kalten Krieg liegt. In dieser sollten Regierung und König im Falle eines Atomkrieges untergebracht werden. Seit Kurzem ist der Bunker als Museum öffentlich zugänglich.

TIPPS & INFOS

AKTIV: Im 19. Jahrhundert mieden die Menschen den Wald, weil dort Räuberbanden ihr Unwesen trieben. Røverstuen ist eine der Räuberhöhlen von Rold Skov. Sie ist etwa zwölf Meter tief und hat einen Durchmesser von ungefähr 35 Metern. Auf dem Räuberhügel Røverknolden befindet sich heute ein Abenteuerort für die ganze Familie.

SEHENSWERT: In Aalborg liegt das Museum eines Franziskanerklosters unmittelbar unter einer der belebtesten Einkaufsstraßen der Stadt. Das Museum widmet sich der Geschichte vom Gråbrødrekloster, das ab den 1240er-Jahren bis zum Jahr 1530 existierte. Zu sehen sind die Klosterruine, Skelette und Funde aus der Wikingerzeit und dem Mittelalter.

INFOS: opdagdanmark.dk/de/oplevelser/rold-skov; nordjyskemuseer.dk

Dichte Nebelschwaden und knorpelige Bäume verleihen dem Wald eine mystische Anziehungskraft.

23 NEBELWALD FANAL

Von Feen und Mischwesen

Der Geruch von Moos und feuchtem Laub steigt in die Nase, als plötzlich der Nebel aufzieht. Von jetzt auf gleich hat sich die eben noch freundliche Märchenbuchatmosphäre im Nebelwald von Fanal auf Madeira in eine Szene aus einem Gruselfilm gewandelt. Meist kommt der Nebel in nur wenigen Minuten, während zeitgleich die Orientierung komplett verschwindet. Wenn der Nebel so richtig dicht wird, sieht man kaum die Hand vor Augen, und die knorrigen Äste der bis zu 800 Jahre alten Bäume wirken wie fahle Gespenster oder Wächter zwischen den Welten, die still am Wegesrand stehen. Die Grenze zwischen Realität und Fantasie verschwimmt. Der Laurisilva von Fanal – so nennt man den Lorbeerwald von Madeira – ist der größte noch übrig gebliebene seiner Art. Früher bedeckten Lorbeerwälder große Teile von Madeira, den Azoren und den Kanarischen Inseln. Heute gibt es nur noch einen Bruchteil davon. Im Nordwesten des Waldgebietes Fanal ist ein Ort eng mit Geschichten über Feen verbunden. In den zauberhaften Lichtungen mitten im Vulkankrater und zwischen den moosbewachsenen Baumstämmen, die hier nicht so eng wie in anderen Teilen des Waldes stehen, sollen Feen in einem für Menschen unsichtbaren Reich leben. Manche Besucher wollen sogar das leise Klingen von Glöckchen und ein Flüstern hören. Eine weitaus düstere Legende erzählt von einer geheimnisvollen Kreatur, halb Mensch, halb Tier, die durch den Wald streifen und verlorene Seelen in ihre Fänge locken soll.

Nebel hängt zwischen den alten Lorbeerbäumen.

»IN DEN ZAUBERHAFTEN LICHTUNGEN MITTEN IM VULKANKRATER UND ZWISCHEN DEN MOOSBEWACHSENEN BAUMSTÄMMEN, DIE HIER NICHT SO ENG WIE IN ANDEREN TEILEN DES WALDES STEHEN, SOLLEN FEEN IN EINEM FÜR MENSCHEN UNSICHTBAREN REICH LEBEN.«

TIPPS & INFOS

ANREISE: Der Feenwald befindet sich zwischen Paúl da Serra und Ribeira da Janela. Das Forsthaus Posto Florestal Fanal dient als guter Ausgangspunkt für Wanderungen und verfügt über einen Parkplatz. Ein Wanderparkplatz liegt nur etwa 100 Meter entfernt. Von hier aus hat man einen einfachen Zugang zum Wald.

AKTIV: Bei einer Wanderung entlang des Pfades »Vereda do Fanal« lässt sich der Besuch im Nebelwald auf gut elf Kilometern mit der Hochebene Paúl da Serra verbinden. Wer eine geführte Tour durch den Wald machen will, kann bei GetYourGuide eine private Tour buchen, Abholung am Hotel inklusive.

INFO: visitmadeira.com; getyourguide.de/madeira-l67/madeira-private-tour-durch-den-fanalwald-t403770

Mit der Seilbahn geht es hoch hinauf.

»WO BEGEISTERTE ZUSCHAUER DEN SPORTLERN IM WALD AN DEN BOBBAHNEN ZUJUBELTEN, SUCHTEN NUR WENIGE JAHRE SPÄTER SOLDATEN HINTER DEN BETON-PFEILERN DER BOBBAHN SCHUTZ.«

24 OLYMPISCHE BOBBAHN SARAJEVO

Vom Sportevent zum Bosnienkrieg

Sarajevo, die Hauptstadt von Bosnien-Herzegowina, wurde im Laufe ihrer Geschichte mehrfach zum Schauplatz des Schreckens. Hier ereignete sich das Attentat auf Franz Ferdinand, das im Ausbruch des Ersten Weltkriegs gipfelte. In der Altstadt erinnert die Gedenkstätte »ewige Flamme« an die Opfer des Zweiten Weltkriegs. Am Boden stolpert man immer wieder über rote Flecken, die sogenannten »Rosen von Sarajevo«, die die Stellen markieren, an denen Bomben im Bosnienkrieg Menschen töteten. Einschusslöcher in den Hauswänden und nicht zuletzt die vielen Friedhöfe erinnern an die oft grausame Vergangenheit der Stadt. Im Jahr 1984 wurden die Olympischen Winterspiele in Sarajevo ausgetragen – dies war das erste Mal, dass die Winterspiele in einem sozialistischen Land stattfanden. Die umliegenden Berge wurden zu Spielstätten und werden bis heute »Olympische Berge« genannt. Wo begeisterte Zuschauer den Sportlern im Wald an den Bobbahnen zujubelten, suchten nur wenige Jahre später Soldaten hinter den Betonpfeilern der Bobbahn Schutz. Wer mit der Seilbahn den Trebević hinauffährt, kann nicht nur einen atemberaubenden Blick auf die Stadt genießen, sondern auch direkt auf den Überresten der olympischen Bobbahn und somit auf einem Stück Geschichte durch den schattigen Wald hinab in die Stadt wandern. In zwei, drei Stunden ist man zurück in der City, wo man sich in der Altstadt mitten in den Schmelztiegel der Kulturen und Religionen stürzen kann.

TIPPS & INFOS

EINKEHR
Im Restaurant Dženita in der Altstadt gibt es leckere traditionelle bosnische Küche mit gegrilltem Fleisch, Eintöpfen, Käse und Gemüse. Auch Vegetarier finden hier etwas, zum Beispiel Polenta oder Grillgemüse.

SEHENSWERT: Wie haben wohlhabende Familien in der osmanischen Zeit im 18. Jahrhundert gelebt? Das sieht man im Svrzo's House. Schlafräume, Küche, Lagerräume und mehr lassen sich hier in der Oase der Stille erkunden.

INFO: tourismus-sarajevo.de/reiseziele
islamicarchitecturalheritage.com/listings/svrzos-house

Die alte Bobbahn ist ein Zeugnis der Vergangenheit.

Uralte Eichen stehen im Naturschutzgebiet Sababurg.

Hat hier das Dornröschen seinen 100-jährigen Schlaf abgehalten?

25 SCHLOSS SABABURG

Wo Grimms Märchen Wirklichkeit werden

Hoch auf dem Hügel erhebt sich majestätisch das Dornröschenschloss, und diese Beschreibung ist keineswegs metaphorisch gemeint. Hier, mitten im verwunschenen Reinhardswald, thront auf einem steilen Hügel das Schloss Sababurg, in dem sich nach den Märchen der Gebrüder Grimm Dornröschen mit einer Spindel in den Finger stach. Im größten Waldgebiet Hessens sammelten die Brüder volkstümliche Erzählungen, die als Märchen weltberühmt wurden. So märchenhaft die Burg auch wirkt, wissen wir doch, dass die Grimm'schen Märchen ihre düsteren Seiten haben. Auf der Sababurg soll eine »Weiße Frau« durch verborgene Gänge wandeln. Heute befinden sich in der Burg ein Restaurant und ein Hotel, man kann sich also ganz leicht selbst überzeugen, ob sie dort wirklich herumgeistert.
Wer durch die Wälder streift, kommt nicht nur am Dornröschenschloss vorbei, sondern auch an Rapunzels Turm in Trendelburg und nicht zuletzt an den majestätischen weißen Hirschen, den Einzigen in Deutschland. Auf den Wegen durch den einstigen Hutewald spürt man die Magie des 600 Jahre alten Waldes. Seit 1907 ist er größtenteils sich selbst überlassen. Während man unter den Bäumen mit ihren unzähligen knorrigen Ästen wandelt, braucht man nicht viel Fantasie, um sich hier rätselhafte Kreaturen vorzustellen. Der Reinhardswald präsentiert sich mit bizarren Wurzeln, dem riesigen Adlerfarn und knochigen Ästen, dem geheimnisvollen Rascheln und der unberührten Stille als perfekte Bühne für Mythen, Sagen und Märchen.

»AUF DEN WEGEN DURCH DEN EINSTIGEN HUTEWALD SPÜRT MAN DIE MAGIE DES 600 JAHRE ALTEN WALDES.«

TIPPS & INFOS

AKTIV: Wer mehr auf den Spuren von Grimms Märchen wandeln will, folgt der Deutschen Märchenstraße und besucht die Grimmwelt in Kassel. Die Märchenstraße führt über 600 Kilometer von Hanau nach Bremen und verbindet mehr als 50 Städte und Gemeinden zu wundersamen Reiseerlebnissen. Die Kassler Grimmwelt schafft es auf interaktive Weise, die Märchen in das Heute zu transportieren.

SEHENSWERT: Drei ausgewiesene Rundwege führen auf schmalen Pfaden durch den Eichenwald. Auf diesen verwunschenen Waldwegen wandern die Besucher über Holzstege und passieren immer wieder beeindruckende Baumriesen. Auch der Tierpark Sababurg, dessen Ursprünge bis ins Jahr 1571 zurückreichen, kann heute noch besucht werden. Er ist der älteste Zoo Deutschlands.

INFO: deutsche-maerchenstrasse.com
naturpark-reinhardswald.de

EUROPAS BESTE GRUSELHOTELS

(Nicht) Einschlafen mit Gänsehautgarantie

Eine ruhige Nacht im gemütlichen Bett – das ist doch das A und O bei einem gelungenen Hotelaufenthalt. In diesen Hotels könnte das etwas schwierig werden …

Malmaison, Oxford

Im Oxforder Gefängnis, das bis in die 90er-Jahre in Betrieb war, konnten die Insassen nicht viel Komfort erwarten. Die Hygiene war miserabel, die Zustände im Allgemeinen selbst für Gefängnisstandards unterirdisch. Heute sieht das anders aus: Im Malmaison Oxford ist der Luxus eingezogen. In den ehemaligen Zellen stehen große Betten mit bequemen Matratzen, der Fernseher flimmert, und das eigenartige Gefühl, nicht allein im Raum zu sein, bildet man sich garantiert nur ein …, oder? Mehr zum Gefängnis in Oxford gibt es bei Reiseziel 32 (malmaison.com/locations/oxford).

The Langham, London

Das Langham ist ein Luxushotel, in dem schon seit seiner Eröffnung 1865 prominente Gäste ein und aus gehen. Im Zweiten Weltkrieg wurde es durch Bomben schwer getroffen, und nach dem Krieg nutzte erst einmal die BBC die Räumlichkeiten. Immer wieder wollen Mitarbeiter seltsame Gestalten bemerkt haben. Dass es hier spukt, ist kein Wunder, denn im Hotel ereigneten sich im Laufe der Zeit einige Todesfälle. Einer davon im Ersten Weltkrieg: Ein deutscher Adliger hatte sich vom Wahnsinn getrieben aus dem vierten Stock gestürzt. Und ganz nebenbei soll es sich der Geist Napoleons im Keller gemütlich gemacht haben (langhamhotels.com/en/the-langham/london).

Hotel Mastbosch, Breda

Im niederländischen Städtchen Breda befindet sich ein historisches Hotel, das direkt neben einem jahrhundertealten dunklen Wald liegt. Doch nicht der Wald sorgt für Gänsehaut. Im Hotel soll eine junge Frau spuken. Man erzählt, dass eine 18-jährige Belgierin im Zweiten Weltkrieg von deutschen Soldaten ermordet wurde. Seitdem irrt sie ruhelos durch die Hotelflure. Wer Glück hat und dem Mädchen nicht begegnet, kann im 4-Sterne-Hotel aber einfach einen gemütlichen Urlaub mit nostalgischem Ambiente erleben (mastbosch.nl).

Ob diese Hotelangestellten auch schon auf Napoleons Geist im Keller getroffen sind?

Ballygally Castle Hotel, Larne

Das Ballygally Castle Hotel im nordirischen County Antrim ist ganz oben mit dabei, wenn es um Gruselhotels geht. Das Schlosshotel hat den Ruf, dass hier gleich mehrere Geister anzutreffen sind. Eine der untoten Bewohnerinnen ist Lady Isobel Shaw. Als ihr Mann herausbekam, dass sie eine Affäre hatte, sperrte er sie mitsamt der Tochter im Hotelzimmer ein und überließ sie ihrem Schicksal. Mit letzter Kraft schleppte sie sich zum Fenster und stürzte in die Tiefe. Bis heute wollen Gäste ein Baby schreien hören. Wer hier ein Auge zubekommt, ist wirklich mit gutem Schlaf gesegnet (ballygallycastlehotel.com).

Brownsover Hall Hotel, Rugby

Ein Klassiker unter den Gruselhotels befindet sich im schottischen Rugby. Im alten Burggebäude knarren die Dielen,

Wie es sich wohl in einem ehemaligen Gefängnis schläft …

der Wind pfeift durchs Gemäuer, und hinter manchen Ecken meint man einen Schatten davonhuschen zu sehen. Eine Legende hält sich besonders hartnäckig. Einst soll hier einem Mann die Hand abgehackt worden sein, und bis heute sollen in der Bibliothek immer wieder auf mysteriöse Weise Blutflecken zu sehen sein. Vorschlag: die Bibliothek linksliegen lassen und sich beim Afternoon-Tea einfach auf den gemütlichen schottischen Charme des Hauses konzentrieren (brownsoverhall.co.uk).

Hotel Bilan, Karlstad

Das Bilan im schwedischen Karlstad ist nicht sonderlich charmant oder luxuriös, trotzdem gehört es zu den bekanntesten Hotels der Stadt. Das heutige Hotel war einst ein Gefängnis. Hier saßen einige der größten Verbrecher des Landes ein. Manche davon wollten selbst nach dem Tod nicht gehen. So zum Beispiel ein Priester, der zum Tode verurteilt wurde, weil er den Wein fürs Abendmahl vergiftet hatte. Bevor der Henker seine Arbeit tun konnte, hatte sich der Mann in seiner Zelle erhängt. Im Keller des Hotels befindet sich ein kleines Museum, und hier soll der Priester immer wieder Schabernack treiben (clarion-collection-hotel-bilan-karlstad.hotel-mix.de).

… können Mutige im Malmaison in Oxford am eigenen Leib erfahren.

Die Geschichte des Tower of London ist geprägt von vielen Gräueltaten und berühmten Gefangenen.

GEHEIMNISVOLLE STÄDTE

Unterwegs in den Abgründen menschlicher Siedlungen

In den Städten Europas trifft alles aufeinander: Vergangenheit auf Zukunft, Armut auf Reichtum, Anonymität auf räumliche Enge. Auch wenn man in der Stadt nie allein ist, gibt es immer vor den Augen anderer verborgene Orte.

Die meisten Menschen leben heute in der Stadt. Wir haben kurze Wege zur Arbeit, schätzen die Nähe zu Supermärkten und Kultur und geben uns im Gegenzug mit beengtem Wohnraum zufrieden. Doch Städte sind nicht nur Orte der Gegenwart, sie sind immer auch ein Tor in die Vergangenheit. Anhand von Friedhöfen, ehemaligen Gefängnissen oder verlassenen Orten können wir die Entwicklung unserer Gesellschaft erkennen, wie durch eine Lupe betrachtet.

Wer durch geschäftige Straßen läuft, bekommt von den Spuren der Vergangenheit nicht viel mit. Zu abgelenkt sind wir vom täglichen Allerlei. Doch wer genau hinsieht, findet immer wieder Zugänge zu Unterwelten aller Art sowie Sagen und Legenden, die nicht nur über den Ort, sondern oft auch einiges über uns selbst erzählen. In kleine Gassen, alten Pubs oder versteckt in Kellern stoßen wir auf Geschichten, die uns das Gruseln lehren können.

DIE TOP 5 MYTHOS-SPOTS IN DER STADT

Tower of London, England
Hinter dicken Mauern einer der bekanntesten Festungen der Welt spielte sich ein grausamer Teil der englischen Geschichte ab (hrp.org.uk/tower-of-london).

Matera, Italien
In der Höhlenstadt in der Nähe von Bari scheint die Zeit stillzustehen. Kein Wunder, dass sie filmisch inszeniert zum Jerusalem aus Zeiten Jesu wird (italien.de/poi/craco).

Kolosseum, Italien
Wie grausam Unterhaltung sein kann, zeigt die Historie des Kolosseums in Rom. Hier bejubelten die Römer ihre Lieblingsgladiatoren während diese töteten (colosseo.it).

Wiener Zentralfriedhof, Österreich
Auf dem Hauptfriedhof der österreichischen Metropole zeigt sich die ganz besondere Beziehung der Wiener zum Sterben (friedhoefewien.at).

Beinhaus Sedlec, Tschechien
Die Knochenkapelle von Kutná Hora ist ein Meisterwerk der morbiden Kunstfertigkeit. Gänsehaut garantiert (sedlec.info/de).

Die Geisterstadt Craco lässt den Charme ihrer früheren Schönheit noch immer erahnen.

»AUCH WENN DIE EHEMALIGEN BEWOHNER LÄNGST VERSCHWUNDEN SIND, ZEUGEN DIE LEEREN HÄUSER UND GASSEN VON IHREN SCHICKSALEN.«

Nach einem Erdrutsch musste die Ortschaft in den 60er-Jahren aufgegeben werden.

26 CRACO

Das schönste Geisterdorf Italiens

Die Häuser in Cracos Altstadt sind längst verlassen. Die Mauern sind mit Moos bewachsen, in den Fenstern ist kein Glas mehr. Hoch auf dem Hügel thronend, strahlt die Stadt einen morbiden Charme aus, der Besucher direkt in den Bann zieht. Craco ist nicht das einzige, aber vielleicht das schönste Geisterdorf in der Region Basilicata.
Bis ins 8. Jahrhundert reicht die Geschichte der Besiedlung an der Küste zurück. Erstmals erwähnt wurde der Ort 1060. Doch in der von Erdbeben heimgesuchten Region ließen Erdrutsche und Schäden an den Häusern den Bewohnern keine andere Wahl, als ihre Häuser zu verlassen. Seit den 1960er-Jahren verließen immer mehr Menschen ihre Heimat, überließen ihr ehemaliges Zuhause seinem Schicksal und begannen ein Leben an einem anderen Ort. Auch wenn die früheren Bewohner längst verschwunden sind, zeugen die leeren Häuser und Gassen noch von ihren Schicksalen. Hier wurde gelebt, geliebt und gestritten. Heute wirkt die verlassene Ortschaft mit den halb verfallenen Gebäuden gespenstisch, und dieser Umstand hat Craco zu einer beliebten Kulisse für Filme und Fotoshootings gemacht. Künstler, Fotografen und Besucher kommen aus aller Welt, um im Rahmen von Führungen mehr über die Geschichte und die Architektur des Dorfes zu erfahren. Beim Schlendern durch die engen Gassen kann man sich vorstellen, wie sich früher hier das Leben abspielte, und hin und wieder meint man, tönernes Geschirr aus den Fenstern heraus klappern zu hören.

TIPPS & INFOS

SEHENSWERT: Nicht weit entfernt liegt die Höhlenstadt Matera. Bei Reiseziel 46 gibt es alle Infos zu der Stadt, die Mel Gibson inspirierte und über deren enge Straßen 007 mit seinem Wagen düste.
ANREISE: Craco in der süditalienischen Region Basilicata liegt etwa 40 Kilometer von Matera. Die nächsten Flughäfen sind in Bari und Neapel. Wer Craco mit einer sportlichen Radtour verbinden will, kann eine Tour ab Matera buchen.
INFO: italien.de/poi/craco; tripadvisor.ch/AttractionProductReview-g187772-d21194473-3_Day_Bike_Tour_from_Matera_with_Meals_Included-Matera_Province_of_Matera_Basilica.html

Man würde nicht ahnen, was sich unter Rabats Straßen befindet, wenn man es nicht wüsste.

27 DIE KATAKOMBEN VON RABAT

Frühchristliche Bestattungsriten unter Maltas Erde

Wer die Treppen hinabgeht, merkt schnell, wie kühl es wird. Hier unten in den diffus beleuchteten Kammern ist die Luft feucht und stickig, die Decken sind niedrig. Abenteuerlustige, die Probleme mit engen Räumen haben, sollten die Katakomben in Rabat besser meiden. Die Schwesterstadt vom Mdina, der einstigen Hauptstadt Maltas, wurde von den Römern gegründet. Überirdisch wandelt man durch enge, pittoreske Gassen, doch darunter verbirgt sich eine ganz andere Welt: Mitten in Rabat liegen die St.-Paul's-Katakomben. Sie wurden um das Jahr 350 nach römischer Zeitrechnung angelegt und erstrecken sich über bisher bekannte eineinhalb Quadratkilometer. Die Katakomben wurden erst im 19. Jahrhundert wiederentdeckt und sind seitdem für die Öffentlichkeit zugänglich. Der unterirdische Friedhof erstreckt sich über mehrere Ebenen und verfügt über ein komplexes Netzwerk von Gängen und Kammern. In der römischen und frühchristlichen Zeit wurden hier die Toten bestattet. Einige der Räume sind mit Fresken geschmückt, andere sind einfach und schlicht. Im Laufe der Jahre wurden hier etwa 1400 Tote bestattet, die inzwischen aber alle ausgelagert wurden. Bei all den Treppen und Gittern, über die man die höhlenartigen Räume erkundet, sind flache Schuhe von Vorteil. Benannt wurde die über den Katakomben errichtete Kirche übrigens nach dem heiligen Paulus, der während seiner Reisen durch das Mittelmeer Malta besuchte und hier angeblich predigte.

TIPPS & INFOS

SEHENSWERT: Neben den St.-Paul's-Katakomben sind auch die Agatha-Katakomben im Rahmen einer Führung zu besichtigen. Die heilige Agatha soll im 3. Jahrhundert anlässlich der Christenverfolgung durch Kaiser Decius nach Malta gekommen sein, um sich in den Katakomben zu verbergen. Später starb sie den Märtyrertod, wobei ihr beide Brüste abgeschnitten wurden. Daher hält sie symbolisch Schalen mit den abgetrennten Brüsten in ihren Händen.

ANREISE: Rabat liegt acht Kilometer von der Inselhauptstadt Valetta entfernt. Sowohl vom zentralen Busbahnhof als auch direkt vom Flughafen fahren Busse nach Rabat.

INFO: maltauncovered.com/de/mdina-rabat

Gut in Szene gesetzt sind die sterblichen Überreste der Pariser in den Katakomben.

28 KATAKOMBEN VON PARIS

»Halt, hier ist das Reich des Todes«

Einst dienten die kilometerlangen Tunnel unter Paris als Steinbrüche, aus denen man das Baumaterial für die Stadt herausgrub. Als im 18. Jahrhundert die Friedhöfe durch Seuchen und Hunger gnadenlos überfüllt waren, brachte man die sterblichen Überreste der Pariser in die unterirdischen, stillgelegten Stollen. Von 1785 bis 1787 wurden Millionen von Leichen im Schutz der Nacht bei bestialischem Verwesungsgeruch, der von den überfüllten und überschwemmten Friedhöfen ausging, unter die Erde gebracht. Im 19. Jahrhundert wurden die Katakomben für die Öffentlichkeit zugänglich gemacht. Von etwa 300 Kilometern sind heute nur zwei zu besichtigen. Doch Achtung, die Katakomben sind kein Ort für Zartbesaitete. Eine Inschrift warnt: »Halt, hier ist das Reich des Todes«. Die Skelette von etwa sechs Millionen Menschen liegen nicht etwa verdeckt in Sarkophagen, sondern sind kunstvoll aufgereiht, gar dekorativ arrangiert und bilden ein morbides Gesamtkunstwerk, das für Gänsehaut sorgt. Immer wieder lockten und locken die Gänge sogenannte »Cataphiles« an, die illegale Raves veranstalten – sogar eine Art Kino wurde bereits von der Polizei aufgelöst. Man erzählt von schwarzen Messen und okkulten Ritualen. Fakt ist: Während des Zweiten Weltkriegs dienten die Katakomben als Schutzräume, und in einem Trakt der Katakomben ist der Goldschatz der Französischen Nationalbank untergebracht.

TIPPS & INFOS

SEHENSWERT: Das Musical »Phantom der Oper« beruht auf einem Roman von Gaston Leroux. Dieser wurde von einer Pariser Legende inspiriert: Bei einem Brand in der Musikakademie verlor ein Pianist seine Geliebte und wurde selbst furchtbar entstellt. Er verkoch sich in der Opéra Garnier, woraufhin eigenartige Todesfälle die Oper heimsuchten. Führungen in der Opéra widmen sich der Legende.

ANREISE: Die Katakomben befinden sich in der Nähe der Metrostation Denfert-Rochereau im 14. Arrondissement. Da pro angebotenem Zeitfenster nur eine begrenzte Anzahl Besucher eingelassen wird, empfiehlt sich ein Skip-the-line-Ticket, mit dem man an der Warteschlange vorbeihuschen darf.

INFOS: catacombs.tickets-paris.fr; operadeparis.fr/en/visits/palais-garnier

Um den Tower of London ranken sich viele Gruselgeschichten. Erfahren kann man sie bei einer Führung.

29 TOWER OF LONDON

Wo royale Geister spuken

Seit Jahrhunderten umgibt den Tower of London, eine Festung am Nordufer der Themse, eine dunkle Aura.
Schließlich diente er von 1101 bis 1941 als Gefängnis. Wo ursprünglich gewöhnliche Gefangene aus London und dem Umkreis inhaftiert wurden, saßen später vor allem höhergestellte Straftäter ein. Und so sind auch die Spukgespenster keine Unbekannten. Die Neun-Tage-Königin Lady Jane Grey wie auch Heinrich VIII. sollen in den Gemäuern umherspuken. Bekannter als die Legende um die spukenden Geister ist bei Weitem die Geschichte der Raben im Tower. Solange die Raben den Tower nicht verlassen, so sagt man, sei das britische Königreich in Sicherheit. Aus diesem Grund werden die Kolkraben sorgfältig gehegt und gepflegt.
Doch auch ganz ohne Geister: Die Realität des Towers war grausam genug. In der Vergangenheit war die Festung immer wieder Schauplatz von Hinrichtungen und Folterungen. Eine der bekanntesten war wohl die Exekution der Anne Boleyn, der zweiten Frau von König Heinrich VIII. Sie wurde am 19. Mai 1536 im London Tower mit dem Schwert hingerichtet, angeklagt wegen Ehebruchs, Hochverrats und Verschwörung gegen den König. Die genauen Umstände und Gründe für ihre Hinrichtung sind bis heute Gegenstand historischer Debatten. Bei einer Führung durch die berüchtigte Torture Chamber sieht man, welche grausamen Folterinstrumente zum Einsatz kamen.

TIPPS & INFOS

AKTIV: Wem nach mehr Gruselerlebnissen in London ist, der besucht das Stadtviertel Whitechapel im Osten der Stadt. Ende des 19. Jahrhunderts war hier der berühmte Mörder Jack the Ripper zugange. Entweder schlendert man mit etwas Vorstellungsvermögen selbständig durch die Straßen oder nimmt an einer Führung teil.
EINKEHR: In Whitechapel besucht man als Fan von Spukgeschichten den Ten Bells Pub. Hier sollen nicht nur Jack the Ripper und seine Opfer ein und aus gegangen sein, auch Geister sollen den Pub heimsuchen.
INFO: hrp.org.uk/tower-of-london

Angeblich trieben sich hier einst Blutsauger herum, was zu einigen Tumulten unter Vampirjägern führte.

30 HIGHGATE CEMETERY

Friedhof der Vampire

Gepfählte Leichen aus Angst vor Vampiren – was nach tiefstem Mittelalter klingt, hat sich auf dem Londoner Highgate Cemetery in den 1970er-Jahren tatsächlich abgespielt. Als um 1800 die Bevölkerung rasant angestiegen war, platzten die Londoner Friedhöfe schier aus allen Nähten. Um der Anzahl der Verstorbenen Herr zu werden, wurde eine Reihe von neuen Friedhöfen eingerichtet. Darunter auch der Highgate Cemetery. In den Jahren danach entwickelte sich der auf einem Hügel angelegte Gottesacker zu einem Begräbnisort für Gutbetuchte. In den Medien häuften sich Berichte über Menschen, die dort übernatürliche Gestalten gesehen haben wollten. Immer mehr Schaulustige strömten auf den Friedhof, um selbst Zeuge zu werden oder gar, um die mutmaßlichen Vampire eigenhändig zu bekämpfen. Als sich dann an einem Freitag, den 13., rund 100 selbsternannte Vampirjäger versammelten, um auf Jagd zu gehen, schritt die Polizei ein. Und doch: Weiterhin wurden Leichen ausgegraben, Köpfe abgetrennt oder Feuer gelegt. Mit der Zeit – und nach einigen Festnahmen – legte sich der Hype um den Friedhof, und auf dem Highgate Cemetery kehrte wieder Ruhe ein. Heute noch ist er eine der nobelsten Begräbnisstätten Londons. Zu den berühmtesten Grabstätten gehört die von Karl Marx mit einer überdimensionalen Büste oder jene von Douglas Adams, dem Autor von »Per Anhalter durch die Galaxis«, an dessen Grabstein Fans Schreibstifte hinterlassen. Wer die volle Ladung Atmosphäre will, kommt an einem nebligen Tag, geht durch die Egyptian Avenue zu den Mausoleen am sogenannten »Circle of Lebanon«, der nach einer 300 Jahre alten libanesischen Zeder in der Mitte benannt ist.

TIPPS & INFOS

WISSENWERT: Der Friedhof ist in einen Ost- und einen Westteil gegliedert. Beide Teile kosten Eintritt. Man kann entweder nur den Ostteil mit dem Grab von Karl Marx besuchen oder ein Ticket für beide Teile kaufen, was sich in jedem Fall lohnt. Es werden außerdem Führungen und Events angeboten.
SEHENSWERT: The Old Operating Theatre Museum and Herb Garret ist der älteste erhaltene Operationssaal Europas. Er befindet sich im Dachgeschoss des St.-Thomas-Krankenhauses aus dem frühen 18. Jahrhundert.
INFO: highgatecemetery.org/visit; oldoperatingtheatre.com

Doels Open-Air-Galerie bietet interessierten Besuchern gratis Kunst (links). Der Geist der Vergangenheit spukt durch das Oxford Prison (rechts).

31 DOEL

Ein Dorf erwacht zu neuem Leben

Das belgische Dorf Doel liegt nicht unbedingt idyllisch. Auf der einen Seite der große Antwerpener Hafen, auf der anderen Seite ein Atomkraftwerk. Um den Hafen zu erweitern, wurde beschlossen, das Dorf dem Erdboden gleichzumachen. Doch die Anwohner werten sich. Es sieht aus, als hätten sie Erfolg.

Der Plan für die Erweiterung des Hafens wurde bereits in den 60er-Jahren geschmiedet, da stand noch nicht einmal das Kernkraftwerk, das erst 1969 errichtet wurde. Einige Bewohner hatten auf Anweisung bereits ihre Häuser verlassen, als wegen einer wirtschaftlichen Misslage die Hafenpläne in den 70ern erst einmal auf Eis gelegt wurden. Gut 20 Jahre später stand fest, dass Doel nun endgültig verschwinden solle, und so wurde Doel zum Industriegebiet erklärt. Aber Proteste sorgten dafür, dass diese Entscheidung später aufgehoben wurde. In der Zwischenzeit verließen immer mehr Menschen das Dorf, einige Häuser wurden besetzt, andere hingegen abgerissen. Der Verfall wurde zunehmend deutlicher, die Atmosphäre dystopisch.

Doch das gespenstisch entvölkerte Doel zog auch immer wieder Künstler und Besucher an. Und so lud die Bürgerinitiative Kunstschaffende ein, die Straßen in eine Open-Air-Galerie zu verwandeln. Was für andere nach Vandalismus aussieht, hat Doel am Ende vor der Zerstörung bewahrt.

Im März 2022 wurde nach 60 Jahren Streitereien und 25 Jahren Rechtsstreit bestimmt: Doel darf bleiben und mit ihm eine Handvoll Bewohner, die versuchen, dem Dorf wieder Leben einzuhauchen.

TIPPS & INFOS

SEHENSWERT: Um mehr Menschen über die Doeler Problematik zu informieren und Geld zu sammeln, entstand im Jahr 2020 die Idee, ein Musikfestival zu veranstalten, das 2023 zum zweiten Mal stattfand.

WISSENSWERT: In Doel leben noch immer und vor allem wieder Menschen. Besucher sollten sich also unbedingt rücksichtsvoll verhalten und nicht in baufällige Häuser gehen. Mit der Fähre kommt man für rund drei Euro in etwas weniger als einer Stunde von Antwerpen nach Doel.

INFO: beveren.be/nl; doelfestival.be

»DER ZUSTAND DES GEFÄNGNISSES WAR MISERABEL, UNGEZIEFER, KÄLTE UND FEUCHTIGKEIT PLAGTEN DIE INSASSEN.«

32 OXFORD CASTLE & PRISON

Gefängnis statt College in der Universitätsstadt

Die Mauern uralter Colleges, dazwischen kleine Gassen mit Kopfsteinpflaster: Wer durch Oxford schlendert, fühlt sich in die Vergangenheit versetzt. Zum Glück ist im Oxford Castle & Prison aber die Gegenwart eingezogen.

Die Geschichte des Schlosses reicht bis ins 11. Jahrhundert zurück, als Wilhelm der Eroberer den Bauauftrag gab. Heute ist von dem Oxforder Schloss nicht mehr viel übrig. Neben dem Burghügel ragt ein hoher Turm empor. Doch der Geist der Vergangenheit weht hier noch immer – und das ist ganz wörtlich gemeint. Es gibt zahlreiche Berichte über Geistersichtungen, etwa von Mary Blandy, die ihren Vater vergiftete und 1752 zum Tode verurteilt wurde. Auch Kaiserin Matilda soll hier spuken, sie wurde sogar vor einigen Jahren zum meistgesehenen Gespenst des Vereinigten Königreichs gekürt.

Im Englischen Bürgerkrieg wurde der größte Teil der Burg zerstört. Im 18. Jahrhundert nutzte man die verbliebenen Gebäude als Stadtgefängnis. Im Rahmen einer Führung geht es hoch auf den Turm und durch die Geschichte des Schlosses. Der Weg führt in die alten Zellen, in denen von gewöhnlichen Dieben bis hin zum Hochadel Menschen aller Schichten einsaßen.

Der Zustand des Gefängnisses war miserabel, Ungeziefer, Kälte und Feuchtigkeit plagten die Insassen. Im 19. Jahrhundert wurde der Kerker erweitert und Neubauten errichtet. Im neueren Teil des Gefängnisses, das erst 1996 geschlossen wurde, befindet sich heute ein Hotel. In den früheren Zellen lässt es sich heute weitaus angenehmer nächtigen.

TIPPS & INFOS

SEHENSWERT: Unter dem St. George's Tower befindet sich eine Krypta, die bei Ausgrabungsarbeiten wiederentdeckt und von Häftlingen rekonstruiert wurde. Sie gilt als einer der am häufigsten besichtigten Orte des ganzen Königreichs. Mit etwas Glück entdeckt man beim Besuch sogar den Geist des Mönchs, der sich hier in den dunklen Ecken herumtreiben soll.

ÜBERNACHTEN: Im luxuriösen Malmaison-Hotel im ehemaligen Gefängnis kann man heute in den alten Zellen stilvoll und ganz entspannt übernachten. Für einen Eindruck der ursprünglichen Zellen kann man einen Blick in eine Schauzelle werfen, die im Original erhalten wurde. In den Räumen, in denen früher Hinrichtungen stattfanden, sind heute Büros untergebracht. Wer beim Personal am Eingang nett fragt, darf sich im Hotel umsehen.

INFO: oxfordcastleandprison.co.uk
malmaison.com/locations/oxford

Man kann kaum fassen, dass sich diese Geheimnisse unter der Hagia Sophia verbergen.

Die Medusa-Statue ist überaus beeindruckend.

33 YEREBATAN-ZISTERNE

Der versunkene Palast von Istanbul

Tief unter den geschäftigen Straßen von Istanbul wartet eine faszinierende und geheimnisvolle Parallelwelt, von der die meisten Passanten nichts ahnen. Ihr ebenerdiger Eingang ist unauffällig. Gleich gegenüber der majestätischen Hagia Sophia führt eine kleine Treppe hinab. Dann stockt der Atem: Die Halle, die sich hier unter der Erdoberfläche erstreckt, ist so gewaltig, dass man es kaum fassen kann.

Bei den palastartigen Räumlichkeiten handelt es sich um die Yerebatan Zisterne, ein architektonisches Meisterwerk aus dem 6. Jahrhundert. Sie ist der größte und bekannteste der unterirdischen Wasserspeicher aus der Zeit des blühenden Konstantinopels. Mit seinen riesenhaften Säulen, den Medusenköpfen an den Sockeln und dem gigantischen Gewölbe wirkt das antike Wasserreservoir wie eine Mischung aus einem märchenhaften Ballsaal und einer geheimnisvollen Tempelanlage. »Versunkener Palast« nennen die Einheimischen die Zisterne daher zu Recht.

Zwischen den Marmorsäulen, die acht Meter hoch in den Bau ragen, kann man auf Holzstegen über dem Wasser umherwandeln. Es plätschert wohltuend leise, Licht fällt nur spärlich in den Raum und spiegelt sich auf der glatten Wasseroberfläche. Wer genau hinsieht, erspäht sogar kleine Fische. Ein Besuch der Yerebatan-Zisterne ist wie eine Reise in die Vergangenheit, ein Abstieg in die Tiefen der Geschichte Istanbuls. Hier spürt man die Präsenz vergangener Zeiten und die Geheimnisse, die diese antike Wasseranlage umgeben. Ein wahrhaft magischer Ort, den es zu entdecken lohnt.

»EIN BESUCH DER YEREBATAN-ZISTERNE IST WIE EINE REISE IN DIE VERGANGENHEIT, EIN ABSTIEG IN DIE TIEFEN DER GESCHICHTE ISTANBULS.«

TIPPS & INFOS

WISSENSWERT: Natürlich taugt ein Ort wie dieser als Filmkulisse: Im James-Bond-Film »Liebesgrüße aus Moskau« jagt 007 im Boot Verbrechern hinterher – um nur einen von vielen Blockbustern zu nennen, in der die Zisterne eine Rolle spielt.
SEHENSWERT: Die Hagia Sophia ist weltberühmt und ein Denkmal byzantinischer Architektur, zudem ein Symbol des Goldenen Zeitalters von Byzanz. Der Besuch ist ein Muss für alle Kulturbegeisterte!
INFO: istanbul-tourist-information.com/sehenswuerdigkeiten/zisternen/cisterna-basilica-yerebatan-sarayi

Hier kann man noch in die grausame Vergangenheit eintauchen.

»DOCH WAS TUN MIT EINEM EHEMALIGEN GEFÄNGNIS MITTEN IN DER STADT, IN DEM LEID UND TOD ALLTÄGLICH WAREN?«

34 LUKIŠKĖS PRISON 20 VILNIUS

Ein Ort des Leids wird zum Kultur-Hotspot

Über 100 Jahre war das Lukiškės-Gefängnis, das mitten in der Innenstadt von Vilnius steht, eine der berüchtigsten Strafvollzugsanstalten Europas. In der Zarenzeit hielt man hier Aktivisten gefangen, im Zweiten Weltkrieg sperrten die Nationalsozialisten hier Tausende Juden ein, von denen sie die meisten im Wald von Ponary ermordeten. Später inhaftierten die Sowjets hier Partisanen. Auch als Litauen 1991 unabhängig wurde, blieb das Gefängnis. Bis 1996 wurden hier sogar noch Hinrichtungen vollzogen. Nachdem die miserablen Zustände publik wurden, schloss das Gefängnis schließlich im Jahr 2019 seine Pforten.

Doch was tun mit einem ehemaligen Gefängnis mitten in der Stadt, in dem Leid und Tod alltäglich waren? Abreißen? Als Gedenkort nutzen? Einige Zeit stand die Gefängnisanlage leer, sie wurde als Drehort benutzt, zum Beispiel für die vierte Staffel des Netflix-Erfolges »Stranger Things«.

Heute befinden sich in den alten Trakten Ateliers und Ausstellungsräume. Im Innenhof erschallen Open-Air-Konzerte. Eine Bar versorgt die Gäste mit kühlen Getränken, Streetfood-Stände machen Appetit auf Burger & Co. Das kommentieren viele Stimmen berechtigterweise kritisch. Denn so ganz lässt sich die Vergangenheit nicht ausmerzen. Wie auch, bei dem hier entstandenen Elend. Führungen bringen Interessierte in die alten Zellen, inklusive Erinnerungsfoto im Mug-Shot-Stil, und lassen den einen oder anderen flapsigen Spruch fallen. Der Weg, den man hier für den Umgang mit der Vergangenheit gewählt hat, mag ungewöhnlich und auch kontrovers sein. Doch immer, wenn aus einem Ort des Leidens ein Ort der Kunst und des Diskurses wird, ist das eine gute Entwicklung, selbst wenn beim Gang vorbei an den Einzelzellen das mulmige Gefühl bleibt.

TIPPS & INFOS

WISSENSWERT: Infos über Veranstaltungen und Führungen gibt es auf der Homepage. Führungen ins ehemalige Gefängnis sind aber meist lange im Voraus ausgebucht. Früh sein lohnt sich.

SEHENSWERT: Auf der Halbinsel östlich der Altstadt befindet sich Užupis, eine selbsternannte Künstlerrepublik. Früher eines der ärmsten Viertel, existiert hier jetzt eine gelebte Utopie mit einer nicht ganz ernst gemeinten, eigenen Verfassung und jeder Menge Kunst und Kultur. Ruhiger geht es auf dem Bernhardiner-Friedhof nur einige Meter entfernt vom zentralen Platz des Viertels zu: eine Oase der Stille.

INFO: govilnius.lt/besuchen-sie-vilnius/orte/lukiskes-prison-de; lukiskiukalejimas.lt/pasivaiksciojimai/en/home-eng

Im Innenhof des ehemaligen Gefängnisses finden regelmäßig Open-Air-Konzerte statt.

Der Wiener Zentralfriedhof ist einer der größten weltweit. Hier liegt die Prominenz begraben.

Unbekannte Tote fanden auf dem Friedhof der Namenlosen ihre letzte Ruhestätte.

35 DIE WIENER FRIEDHÖFE

A scheene Leich und die Wiener Bestattungskultur

Beeindruckend gestaltete Mausoleen, Skulpturen, die wie Wächter an den Gräbern stehen, geschwungene Waldpfade. Der Wiener Zentralfriedhof ist mit 2,4 Quadratkilometern und über drei Millionen Grabstätten nicht nur einer der größten, sondern auch einer der eindrucksvollsten Friedhöfe der Welt. In der Wiener Kulturgeschichte gibt es eine lange Tradition des Umgangs mit dem Tod, die von einer gewissen Faszination und Ästhetisierung des Morbiden geprägt ist. Viele in Wien ansässige Künstler wie Klimt oder Schiele erkundeten die dunklen Seiten des Lebens und des Todes. Auf dem Zentralfriedhof haben zahlreiche berühmte Komponisten, Schriftsteller und Maler ihre letzte Ruhestätte gefunden. Ludwig van Beethoven, Johannes Brahms, Franz Schubert, Johann Strauss und noch andere sind in guter Gesellschaft.

Wo auf dem Zentralfriedhof große Namen zu lesen sind, ist auf dem Wiener Friedhof der Namenlosen das genaue Gegenteil der Fall. Er wurde im 19. Jahrhundert als Begräbnisstätte für unbekannte Tote errichtet, insbesondere für diejenigen, die aus der Donau geborgen wurden. Die Gräber auf dem schwer zu findenden Friedhof im Alberner Hafen sind schlicht gehalten, ohne individuelle Namen oder Inschriften. Stattdessen sind sie mit Nummern gekennzeichnet. Der Friedhof ist eng mit dem Fluss verbunden. Er brachte nicht nur vielen, die hier liegen, den Tod, er ist auch ein Sinnbild des Lebens: Alles fließt.

»IN DER WIENER KULTURGESCHICHTE GIBT ES EINE LANGE TRADITION DES UMGANGS MIT DEM TOD, DIE VON EINER GEWISSEN FASZINATION UND ÄSTHETISIERUNG DES MORBIDEN GEPRÄGT IST.«

TIPPS & INFOS

SEHENSWERT: Unter dem Stephansdom liegen die Katakomben, in denen 10 000 Menschen in Grabkammern ruhen. Direkt dahinter liegt die Blutgasse, durch die einst das Blut aus den Schlachträumen ringsum floss. Im Narrenturm geht es um die dunkle Geschichte der Psychiatrie. Hier wurden psychisch Erkrankte mit schockierenden Methoden behandelt. Heute bietet eine pathologisch-anatomische Sammlung Einblick in die Geschichte.

ÜBERNACHTEN: Die 25hours-Hotels bieten individuelle Wohlfühlzimmer mit Bezug zur jeweiligen Stadt. Das Wiener MuseumsQuartier lockt mit prominenten Museen und einer quirligen Lokalszene.

INFO: friedhoefewien.at; 25hours-hotels.com/hotels/wien; mqw.at

Blutige Kämpfe und grausame Qualen unter dem Jubel der Zuschauer – ein Ort des Schauderns … .

36 DAS KOLOSSEUM IN ROM

Blutige Orgien des Todes

Die Zuschauer sitzen erwartungsvoll auf den Rängen. Die Vorfreude steigt. Noch ist der Sand in der Arena hell, doch in Kürze wird er von dunkelrotem Blut getränkt sein. Es öffnen sich die Tore, und die Gladiatoren werden vom tosenden Applaus begrüßt. Das Klirren der Waffen erklingt, aber es dauert nicht lange, bis das Schreien der Verwundeten die Luft erfüllt.

Die Gladiatoren in den Rüstungen, bewaffnet mit Schwertern, Speeren und Schilden sind die Helden der Antike. Neben den Gladiatoren gab es auch die Verurteilten, die als Opfer für die Unterhaltung des Publikums dienten. Sklaven, Kriminelle und politische Gefangene wurden in die Arena gebracht, um gegen die Gladiatoren oder wilde Tiere zu kämpfen. Sie wurden ohne Gnade niedergemetzelt, während die Menge jubelte und sich an den Qualen der chancenlosen Unterlegenen ergötzte.

Der Bau des Kolosseums begann um das Jahr 70 n. Chr. unter der Herrschaft des römischen Kaisers Vespasian und wurde später von seinem Sohn Titus als seinerzeit größtes Amphitheater der Welt fertiggestellt. Mit 189 Metern Länge, 156 Metern Breite und einer Höhe von über 48 Metern, bot es Platz für rund 50 000 bis 80 000 Zuschauer. Im fünften Jahrhundert zerfiel das Römische Reich, und das Kolosseum verlor seine Bedeutung. Doch selbst als Ruine ist das Kolosseum noch eines der beeindruckendsten Bauwerke der antiken Welt und zugleich Sinnbild für die grausame Unterhaltung der römischen Gesellschaft.

TIPPS & INFOS

SEHENSWERT: In der Kirche Santa Maria Immacolata a Via Veneto geht es vorbei an einem echten Caravaggio, alten heilkundlichen Büchern und Medizinflaschen in die Krypta der Kapuzinermönche. Hier befinden sich gleich mehrere Kapellen, die mit Knochen schaurig-schön dekoriert wurden.

AKTIV: In Rom gibt es 60 Katakomben, doch nur eine Handvoll sind öffentlich zugänglich. Bei Führungen geht es zu den Friedhöfen unter Tage.

INFO: colosseo.it; museoecriptacappuccini.it; rome-museum.com/de/christliches-rom-katakomben-gruppenfuhrung.php

Um die Altneu-Synagoge rankt sich die Legende des Golem.

37 DER PRAGER GOLEM

Eine Kreatur aus Lehm und Worten

Ein Wesen, geformt aus Lehm, zum Leben erweckt mit heiligen Kabbala-Formeln. Die Legende rund um den Golem gehört zu den bekanntesten von Prag. Rabbi Löw grübelte. Seine Gemeinde hatte ihn um Beistand gebeten. Sie erhofften sich von ihm Unterstützung bei Verfolgungen und Angriffen. Im Traum erschien ihm seine Aufgabe: Er solle aus Lehm ein Wesen schaffen, das für Schutz sorgen solle. Und so formte er aus dem Lehm der Moldau im Mondlicht der nächsten sieben Nächte den Golem. Am Schluss nahm er ein Pergamentblättchen, auf dem magische Kabbala-Formeln standen, legte es dem Golem unter die Zunge und erweckte ihn so zum Leben. Als stummer Diener folgte er den Anweisungen des Rabbis, doch schnell wurde klar: Die Kraft des Golems wuchs von Tag zu Tag. Vom Retter wurde der Golem zum Monster. Das Lehmwesen verfiel zusehends in Raserei und wütete zerstörerisch durch die Gassen. Dem Rabbi blieb nichts anderes übrig, als dem Wüten ein Ende zu bereiten. Er brachte den Golem auf den Dachboden der Altneu-Synagoge, sprach heilige Worte und verwandelte ihn zurück in einfachen Lehm. Seitdem sollen die staubigen Reste unterm Dach der Synagoge liegen, und niemand, so die Sage, darf den Raum mehr betreten. Die Golem-Legende gehört schon lange zur jüdischen Folklore. Nach Prag brachte der 1915 publizierte Schauerroman »Der Golem« die Geschichte. Die Altneu-Synagoge ist die älteste unzerstört erhaltene Synagoge in Europa und einer der frühesten gotischen Bauten Prags.

TIPPS & INFOS

WISSENSWERT: Im Jüdischen Museum lernt man mehr über die Geschichte, die Traditionen und die Gebräuche der jüdischen Einwohner Böhmens. Das Museum setzt sich aus verschiedenen Orten im ehemaligen jüdischen Ghetto zusammen, in denen es Ausstellungen und Führungen gibt. Dazu zählen die die Klausen- und die Maisel-Synagoge, die Zeremonienhalle, die Pinkas- und die Spanische Synagoge, zudem die Galerie Robert Guttmann, das Informations- und Reservierungszentrum sowie der Alte Jüdische Friedhof.
SEHENSWERT: Der Alte Jüdische Friedhof hat eine besondere Atmosphäre. Zu den fast 12 000 Grabsteinen gehört das imposante Grab von Rabbi Löw und seiner Frau Perl.
INFO: jewishmuseum.cz/en/info/visit

Hier sollen sich die Hexen zum Hexensabbat getroffen haben.

Die Hexenhöhle ist öffentlich zugänglich.

38 ZUGARRAMURDI

Hexenverbrennungen und Hexensabbat

Ganz im Norden von Navarra, an der Grenze zu Frankreich und malerisch eingebettet von den Ausläufern der westlichen Pyrenäen liegt das Dorf Zugarramurdi. Mit traditionellen Häusern und einer Kirche wirkt Zugarramurdi wie ein charmantes Dörfchen, in dem es eher ruhig zugeht. Doch zweifelhafte Berühmtheit erlangte der Ort bereits im Mittelalter, und zwar aus den grausamsten Gründen.

Die Verbrennung der sogenannten Hexen von Zugarramurdi macht das Dorf im Norden von Navarra bekannt. Anfang des 17. Jahrhundert fand hier eine unerbittliche Hexenjagd statt. 40 mutmaßliche Hexen wurden vor die heilige Inquisition gestellt. Viele von ihnen starben bereits, bevor es überhaupt zu einer Anhörung kam, elf wurden im Jahre 1609 zum Tode verurteilt und auf dem Scheiterhaufen verbrannt. Doch wie kam es dazu? In einer nahegelegenen Höhle, die ein Fluss 120 Meter in das Karstgestein gegraben hat, sollen die Hexen ihre Hexensabbate gefeiert haben, und sogar der Teufel höchstpersönlich soll dabei gesichtet worden sein. Heute ist die Höhle öffentlich zugänglich. Bei Führungen erfahren Besucher mehr über die Verbrennungen. Auch ein Hexenmuseum widmet sich diesem dunklen Kapitel der Geschichte. Es erzählt den Werdegang der vermeintlichen Hexe María de Ximildegu und behandelt die Verbreitung des Hexenglaubens in der mittelalterlichen Zeit.

Jedes Jahr im August wird mit Tänzen und keltischer und baskischer Musik in den prähistorischen Höhlen an die tragischen Grausamkeiten erinnert.

»VERBRENNUNGEN DER SOGENANNTEN HEXEN VON ZUGARRAMURDI IM MITTELALTER MACHTEN DAS DORF IM NORDEN VON NAVARRA BEKANNT.«

TIPPS & INFOS

AKTIV: Zugarramurdi liegt an dem Wanderweg, der vom französischen Sare ins navarresische Urdax führt. Die Gesamtstrecke beträgt gut elf Kilometer und führt durch die Landschaft Navarras.

SEHENSWERT: 2013 erschien der Film »Die Hexen von Zugarramurdi« unter der Regie von Álex de la Iglesia und wurde ein großer Erfolg. Mit dem Streifen kommt man in die richtige Stimmung.

INFO: marcopolo.de/reisefuehrer-tipps/navarra/zugarramurdi-poi-115010976.html

Umgeben von Wäldern liegt die alte Militäranlage.

»HEUTE BRÖCKELT DER PUTZ AN DEN KASERNEN, DIE FENSTER DER EHEMALIGEN OFFIZIERSHÄUSER SIND ZERBROCHEN.«

39 DIE VERBOTENE STADT WÜNSDORF

Zwischen Bunkern und Büchern

Tief verborgen im Herzen der Brandenburger Wälder bei Zossen liegt die »Verbotene Stadt«. Nicht weit von der pulsierenden Hauptstadt Berlin entfernt hatte Wünsdorf einst Zehntausende Bewohner, und zwar nicht irgendwelche. Als Militärstandort geht die Geschichte von Wünsdorf zurück bis in die Kaiserzeit, als erste Kasernen entstanden. Das Lager, in dem muslimische Gefangene neugierigen Bürgern vorgeführt wurden, war berüchtigt. Die Nationalsozialisten bauten Wünsdorf dann zu einem der wichtigsten Nachrichtenzentren und dem Hauptquartier der Wehrmacht aus. Nach dem Zweiten Weltkrieg kamen die Russen. Man spricht von rund 70 000 Offizieren samt Familien, die in Spitzenzeiten in den Bunkeranlagen von Wünsdorf bis 1996 ihren Dienst antraten. Aus Wünsdorf wurde ein kleines Stück Russland mit allem, was zum täglichen Leben dazugehörte, wie Schulen, Schwimmbad und Geschäfte. Und all das hermetisch abgeriegelt von der Außenwelt. Welche militärischen Operationen die verschiedenen Befehlshaber hier planten und was alles hinter verschlossenen Türen vor sich ging, weiß keiner und so etablierte sich der Name »Verbotene Stadt«. Heute bröckelt der Putz an den Kasernen, die Fenster der ehemaligen Offiziershäuser sind zerbrochen. Ein Stückchen weiter nördlich liegt die sogenannte Bunkerstadt mit einem Netz an ober- und unterirdischen Schutzbauten. Während sich die »Verbotene Stadt« auf die Führungs- und Planungsaktivitäten konzentrierte, diente die Bunkerstadt primär als Schutz- und Verteidigungsinfrastruktur.

TIPPS & INFOS

WISSENSWERT: Museen bringen Besuchern die Historie und Bedeutung von Wünsdorf näher. Um die Geschichte hautnah zu erleben, nimmt man am besten an einer geführten Tour teil. Neben historischen Führungen wie etwa die Bunkerführung von Bücherstadt-Tourismus gibt es auch Fototouren in die »Verbotene Stadt«, zum Beispiel mit go2know.

SEHENSWERT: In Wünsdorf, der Bücherstadt nach englischem Vorbild, finden Leseratten reichlich Futter. Unzählige Bücher lassen sich in den Antiquariaten der Stadt entdecken, von alten Raritäten bis zu neuen Schmökern.

INFO: buecherstadt.com; .com/de/bunker

Noch immer wirken die Räume charismatisch – trotz oder gerade wegen des Verfalls.

Um das Edinburgh Castle ranken sich viele Gruselgeschichten.

Eine Runde mit dem Gruselbus bringt Touristen in die richtige Stimmung.

40 EDINBURGH CASTLE

Schottlands Stadt der Geister

Eine Stadt auf sieben Hügeln. Die schmalen Gassen sind mit Kopfstein gepflastert, herrschaftliche Häuser dominieren die repräsentativen Plätze, und über all dem thront majestätisch das Schloss von Edinburgh – quasi wie auf einem erloschenen Vulkan. Man könnte meinen, die schottische Hauptstadt trüge ein bisschen dick auf, doch man kommt nicht drumherum, diese Stadt zu lieben. Hinter den malerischen Fassaden verbirgt sich eine düstere Seite. Edinburgh gilt sogar als die Stadt mit den meisten dokumentierten Spukphänomenen weltweit! An der Spitze dieser Begebenheiten steht das Schloss, das in den Jahrhunderten Zeuge der Schottischen Unabhängigkeitskriege, der Regentschaft von Mary Stuart und der Vereinigung von Schottland und England wurde. Das älteste erhaltene Gebäude, die St. Margaret's Chapel, stammt jedenfalls aus dem frühen 12. Jahrhundert. Zeit genug, um einige Geister anzusammeln ... Eine der Spukgeschichten handelt von einem Waisenjungen. Er wurde in die verwinkelten Tunnel unter der Burg geschickt, um ihre genaue Lage zu kartieren. Während er durch die Gänge kroch, sollte er den Dudelsack spielen, damit die Männer ihm oberirdisch folgen konnten. Doch plötzlich stoppte die Musik, und seitdem gab es keine Spur mehr von dem Jungen. Die Tunnel wurden daraufhin zugemauert. Bis heute will man ab und an die Melodie des Dudelsacks durch die Gänge hallen hören. Eine geisterhafte Dame in Grau und geisterhafte Höllenhunde leisten den ominösen Dudelsackklängen Gesellschaft.

»EDINBURGH GILT SOGAR ALS DIE STADT MIT DEN MEISTEN DOKUMENTIERTEN SPUKPHÄNOMENEN WELTWEIT!«

TIPPS & INFOS

SEHENSWERT: Der historische Greyfriars Kirkyard ist der bekannteste Friedhof der Stadt. Auch hier sorgen Geistergeschichten für schaurig-schöne Atmosphäre. Der bekannteste Geist ist der des Hundes Bobby, der angeblich über das Grab seines verstorbenen Besitzers wacht. Auch ein gewisser Bloody Mackenzie, ein gnadenloser Richter, soll hier unterwegs sein. Er ließ einst unzählige Menschen im nahegelegenen Gefängnis einsperren und findet nun keine Ruhe.

AKTIV: Edinburgh ist teilweise unterkellert. Die Gewölbe, bekannt als die Blair Street Underground Vaults, sind der Gipfel des Grusels. Führungen bringen Besucher unter die Erde und lehren mit den passenden Geschichten das Gruseln.
INFO: edinburghcastle.scot
getyourguide.de/edinburgh-vaults-l8843

Über eintausend Mumien lagern in der Kirche Santa Maria della Pace.

»ALS SIE DABEI DIE SCHON FRÜHER BESTATTETEN SKELETTE UMBETTEN WOLLTEN, BEMERKTEN SIE, DASS 45 DER LEICHEN IN EINEM ERSCHRECKEND LEBENDIG AUSSEHENDEN ZUSTAND WAREN.«

41 DIE KAPUZINERGRUFT VON PALERMO

Mumien auf Bestellung

Grinst der etwa? Beim Anblick der berühmten Mumien von Palermo wird selbst Hartgesottenen ganz anders zumute. Unter den Straßen von Palermo, in den Katakomben der Kirche Santa Maria della Pace, können Neugierige die Leichname von Kapuzinermönchen begutachten, von denen manche dermaßen gut erhalten sind, dass man sogar noch Gesichtszüge erkennen kann. Tausende Mumien befinden sich in den unterirdischen Räumen.

Die Tradition beginnt mit einem vermeintlichen Wunder: 1597 waren ein paar Mönche gerade bei der Arbeit. Sie hoben eine neue Grabkammer aus, weil der Platz knapp geworden war. Als sie dabei die schon früher bestatteten Skelette umbetten wollten, bemerkten sie, dass 45 der Leichen in einem erschreckend lebendig aussehenden Zustand waren. Sie waren sich sicher, das könne nur das Werk Gottes sein. Tatsächlich waren die Leichen natürlich mumifiziert. Das Tuffgestein im Gewölbe und die Zugluftbedingungen hatten das Verwesen nahezu verhindert. Um auch anderen Gläubigen das Wunder zu zeigen, stellte man fortan die am besten erhaltenen Mumien an den Wänden aus. Schon bald wurden diese von vielen verehrt. Die Mumifizierung brachte aber auch Interessierte außerhalb der Mönchsgemeinschaft auf den Plan. So wollten Reiche und Einflussreiche ebenfalls in den Katakomben bestattet werden, und das ließen sich die Mönche durchaus gut bezahlen. Die Bestattung in den Kapuzinerkatakomben wurde zum Statussymbol. Wo die ersten Mumien noch auf natürliche Weise entstanden, nahm man die Mumifizierung später gezielt vor. Man entfernte Organe und balsamierte die Körper.

TIPPS & INFOS

SEHENSWERT: Die bekannteste Mumie ist aber ein kein Mönch, sondern ein kleines Kind. Die zweijährige Rosalia Lombardo starb 1920 und ist auch über einhundert Jahre nach ihrem Tod noch in so einem guten Zustand, dass selbst kleinste Details wie Wimpern erhalten sind.

WISSENSWERT: Im Laufe der Jahrhunderte verbreitete sich die Vermutung, dass die Seelen der Verstorbenen in den Katakomben gefangen sind und sie nachts zum Leben erwachen. Man berichtet von Schritten und Flüstern.

INFO: catacombefraticappuccini.com/en

An den mumifizierten Mönchen sind teils noch Gesichtszüge erkennbar.

Nichts für zarte Gemüter: Das Beinhaus Sedlec stellt menschliche Knochen in künstlerischem Ambiente aus.

42 BEINHAUS SEDLEC

Ein Meisterwerk der Knochenkunst

Schädel hängen in Girlanden von der Decke, säumen die Spitzbögen und bilden einen Kronleuchter, der direkt aus dem Horrorfilm zu stammen scheint. Sobald man die kleine Kapelle in Sedlec betritt, macht sich Gänsehaut auf den Armen breit. So schaurig der Anblick ist – dass hier ein Meister am Werk war, kann man nicht leugnen. Die Allerheiligenkirche in Kutná Hora, in der das Beinhaus in der unteren Kapelle zu finden ist, gehörte einst zu einer Zisterzienserabtei. Ein Abt des Klosters soll im 13. Jahrhundert Erde aus dem Gelobten Land mitgebracht und auf dem Friedhof verstreut haben. Als heiliger Boden wurde dieser daraufhin zu einem beliebten Begräbnisort. Als dann Kriege und die Pest unzählige Todesopfer forderten, platzte der Gottesacker aus allen Nähten. 1511 beauftragte man einen halbblinden Mönch, die Knochen aus den völlig überfüllten Gräbern in die untere Kapelle zu räumen. Er nahm also die Gebeine und schichtete sie zu einer großen Pyramide. Das Beinhaus, wie wir es heute kennen, entstand aber später. Als unter Kaiser Joseph II. im Jahr 1784 das Kloster aufgelöst wurde, übernahm die Adelsfamilie Schwarzenberg mit Sitz auf Schloss Orlík die Kirche und beauftragte einen Baumeister 1870 mit der Innenausstattung der unteren Kapelle. Dieser war es, der seiner eher morbiden Fantasie freien Lauf ließ. Das Ergebnis sehen mehr als 400 000 Besucher pro Jahr, womit das Beinhaus zu einer der meistbesuchten Sehenswürdigkeiten Mittelböhmens geworden ist.

TIPPS & INFOS

SEHENSWERT: Bei Tag schon gruselig genug, aber wie ist es im Ossarium wohl bei Nacht? Herausfinden lässt sich dies bei einer Nachtführung. Bei Kerzenschein führt ein Zisterziensermönch durch das Beinhaus. Den perfekten Abschluss bildet ein Orgelkonzert. Räume des Beinhauses und der Kathedrale sind dann von Hunderten von Kerzen erleuchtet. Gebucht werden muss mindestens zwei Wochen im Voraus unter info@sedlec.info.

AKTIV: Etwa vier Kilometer von Kutná Hora entfernt befindet sich der Silberberg Veitsch. Hier kann man in die Welt des historischen Silberbergbaus eintauchen und eine unterirdische Tour durch die alten Stollen und Schächte machen.

INFOS: sedlec.info/de

Vorsicht: In diesem Turm könnte ein Geisterhund spuken – man sagt, er beiße …

43 AKERSHUS

Oslos Spuk-Festung

Die Festung Akershus, 1299 erbaut, diente als Schloss und Wohnsitz der norwegischen Königsfamilie, als Festung und Militärbasis zum Schutz der Stadt und jahrelang als Gefängnis für die gefährlichsten Verbrecher des Landes. Das Gefängnis Akershus war dabei berüchtigt für seine Disziplinarmaßnahmen und bekannt als »Sklavery«, denn gegen eine Gebühr vermietete man Insassen für körperlich anstrengende Arbeiten. Während des Zweiten Weltkriegs wurde das Schloss von deutschen Streitkräften besetzt. Man geht davon aus, dass etliche Kriegsgefangene im Schloss von den Nazis ermordet wurden, darunter auch norwegische Widerstandskämpfer. Nach dem Ende des Krieges wurden acht norwegische Verräter wegen Kriegsverbrechen verurteilt und im Schloss hingerichtet. Durch ihre mit viel Leid verbundene Geschichte ist es keine Überraschung, dass die Festung als einer der am meisten heimgesuchten Spuk-Orte Norwegens gilt. Eine der bekanntesten Schauergeschichten erzählt von einem aggressiven Hund namens Malcanis. Im Mittelalter glaubte man, dass das Begraben eines lebenden Hundes am oder im Haus für Schutz sorgen würde. Um die Burg zu schützen, ließ der Kommandant seinen Lieblingshund in einem Turm einmauern. Bis heute soll dieser nach Rache dürstend auftauchen. Wen er beißt, dem bringt er definitiv kein Glück: Alle Opfer des Hundes sollen nur kurz darauf an tragischen Unfällen sterben. Beim Besuch der Burg geht es zwischen meterdicken Mauern durch die dunklen Kerker, die ehemaligen Kasematten. In der Krypta haben mehrere norwegische Könige ihr letzte Ruhe gefunden.

TIPPS & INFOS

WISSENSWERT: Auf der Homepage der Festung gibt es auf Englisch alles Geschichtliche zum Akershus, aber auch jede Menge Geistergeschichten zu lesen und zu hören.

AKTIV: Einen Rundgang zu den Mythen und Legenden Oslos bietet GetYourGuide: Eintausend Jahren Stadtgeschichte widmet man sich beim Gang durch die Gassen; von der grausigen Vergangenheit der Wikinger bis heute.

INFO: visitnorway.de/listings/festung-akershus/29344; getyourguide.de/oslo-l38/oslo-mythen-und-legenden-rundgang-t103955/?partner=true

Hinter der Altarwand sind noch schemenhaft Fresken zu erkennen.

> »DIE HÖHLEN DIENTEN ALS FRÜHCHRISTLICHE VERSAMMLUNGSORTE UND RÜCKZUGSRÄUME FÜR EINSIEDLER DES KLOSTERS.«

44 DIE FALSCHEN KATAKOMBEN VON SALZBURG

Die Gebetshöhlen im Mönchsberg

Ein paar Schritte an der Kathedrale vorbei, dann nicht von der Seilbahn ablenken lassen, sondern rechts halten. Durch ein kleines schmiedeeisernes Tor gelangt man auf den uralten Friedhof St. Peter, dessen Anfänge bis in die Antike reichen. Das Schild zeigt uns den Weg, über den man nicht zufällig stolpern würde: Katakomben.

Durch ein kleines Fenster begleichen wir den Obolus für den Eintritt und steigen die Treppe nach oben. Nach oben? Richtig! Denn in Salzburg geht es zu den Katakomben nicht unter die Erde, sondern hoch in das Innere des Felsens, auf dem die Festung thront.

Die Herkunft des Wortes Katakomben ist nicht ganz geklärt, aber man versteht darunter unterirdische, oft weit verzweigte Gänge, die als Begräbnisstätten genutzt wurden. In Salzburg trifft nichts davon zu. Das Höhlensystem, das hier in den Mönchsberg gegraben wurde, geht zurück bis in die Zeit der Antike. Doch hier wurde niemand bestattet: Die Höhlen dienten als frühchristliche Versammlungsorte und Rückzugsräume für Einsiedler des Klosters. Nach den ersten Stufen führt ein Weg in die untere Kapelle. Im diffus erleuchteten Höhlenraum dominiert ein großer Altar, an dem noch heute Messen gefeiert werden. An der Wand sind schemenhaft die Reste alter Fresken zu erkennen. Weiter aufwärts geht es an einer kleinen Aussichtsplattform vorbei zur höchstgelegenen Maximuskapelle. In der Wandnische steht prominent ein steinernes Kreuz, der Rest ist direkt aus dem Felsen gehauen. Auch ohne Grabstätten sind die Räume eindrucksvolle Zeugen der frühchristlichen Zeit in Österreich.

TIPPS & INFOS

WISSENSWERT: Das (angebliche) Martyrium des heiligen Maximus, Namensgeber der oberen Kapelle, erzählt davon, dass sich der Priester Maximus mit 55 Gefährten aus den Felshöhlen stürzte, als die Germanen die Stadt übernahmen. Doch das Ganze passierte nicht in Salzburg, sondern in Schlögen bei Linz. Der Übersetzter verwechselte die römischen Gebiete »Ioviacum« und »Iuvavum«.

SEHENSWERT: Die Festung Hohensalzburg mit ihrer über 900-jährigen Geschichte ist definitiv einen Besuch wert. Eine Spukgeschichte gibt es auch hier: Angeblich soll der »Glockenschmiedl«, der Geist einer Magd, in den Räumen der Festung spuken.

INFO: stift-stpeter.at/de/kloster/index.asp?dat=Friedhof-Katakomben

Die Maximuskapelle am Friedhof St. Peter wurde direkt in den Mönchsberg gehauen.

Bei solch einem mächtigen Beschützer droht kein Unheil für die Stadt.

45 DRACHENSTADT LJUBLJANA

Vom Ungeheuer zum Beschützer

Das Maul ist weit aufgerissen, der Schwanz peitscht drohend, und die Flügel sind zum Abflug erhoben – wer die Drachen am Ufer der Ljubljanica betrachtet, spürt die Bedrohung. Die Drachen sind die Wahrzeichen von Sloweniens Hauptstadt Ljubljana. Niemand Geringeres als der griechische Sagenheld Jason soll hier einen Drachen besiegt haben. Übung hatte er ja schon. Als Jason das Goldene Vlies erbeutet hatte und dabei einen Lindwurm erlegte, reiste er mit den Argonauten erst über das Schwarze Meer, dann entlang von Donau und Save. Dort mussten sie ihr Schiff zerlegen und übers Land tragen, um es zur Adria zu bringen. Auf diesem Weg kamen sie durch das Tal von Ljubljana und machten an einem Moor Halt, wo ein Ungeheuer aus dem Wasser die Gegend unsicher machte. Jason überwältigte den Drachen. Dies gilt als Geburtsstunde der Drachenstadt Ljubljana. Im Laufe der Zeit wandelte sich das gefährliche Wesen zu einem Beschützer, und das geflügelte Ungeheuer wurde zum Wahrzeichen. Es schmückt sowohl das Stadtwappen als auch die Drachenbrücke: Dort erinnern vier große und 16 kleine Lindwürmer an den Triumph Jasons, aber auch an den Drachen als Symbol des Muts und der Stärke. Rund 50 Kilometer von der Hauptstadt entfernt befindet sich eine der beliebtesten Sehenswürdigkeiten des Landes: die riesige, gut erschlossene Postojna-Höhle. Hier geht es auf einfachen Wegen in die Unterwelt.

TIPPS & INFOS

SEHENSWERT: Die Burg von Ljubljana, die hoch über der Stadt thront, bietet nicht nur einen atemberaubenden Blick auf Ljubljana und die umliegenden Berge, sondern beherbergt auch das Historische Museum von Slowenien, in dem die Geschichte des Landes gezeigt wird.

AKTIV: Das Ljubljansko barje, auf Deutsch Laibacher Moor, in der Nähe von Ljubljana ist das größte Moorgebiet in Slowenien, das zu Wanderungen durch die einzigartige Naturlandschaft einlädt. Im Moormuseum gibt es alle Hintergrundinformationen. Außerdem ist das Moor ein bedeutender archäologischer Fundort. Zahlreiche prähistorische Siedlungen wurden hier entdeckt, darunter Pfahlbauten aus der Bronzezeit und Überreste einer römischen Villa.

INFO: visitljubljana.com/de

Das unglaubliche Sassi-Viertel besteht fast ausschließlich aus Höhlenwohnungen.

46 DIE SASSI DI MATERA

In Tuffstein gegrabene Höhlenwohnungen

Wie ein Wespennest klebt die sandsteinfarbene Stadt am Felsen. »Sassi«, Steine, nennt man die die beiden Teile von Materas Altstadt rund 200 Kilometer östlich von Neapel. Schon in der Jungsteinzeit gruben Menschen Wohnhöhlen in den Felsen. Die Römer gründeten dann hier eine Stadt, die einige Jahrhunderte später von den Sarazenen zerstört und danach unter normannischer Herrschaft zum Königssitz wurde. Hier ist die Geschichte der Menschen buchstäblich in Stein gemeißelt, und so ist ein Besuch in Matera immer auch eine Zeitreise. Rund 3000 Wohnungen entstanden über die Jahrhunderte, dazu 160 Kirchen, unzählige Plätze und noch mehr Treppen, die kreuz und quer durch die Stadt führen. Als die Sassi in der neueren Geschichte langsam, aber sicher zu klein wurden, entstand der moderne Teil Materas. Zurück blieben die, die sich eine neue Wohnung nicht leisten konnten – ohne Strom, ohne fließend Wasser und unter miserablen hygienischen Umständen. In den 50er-Jahren machte Matera als Slum Italiens Schlagzeilen und wurde schließlich geräumt. Einige Jahre fristete die Altstadt ihr Dasein als Geisterstadt, dann wurden die Höhlen in den 80er-Jahren für Besucher aufgehübscht und schließlich zum Weltkulturerbe ernannt. Wer hoch über der Stadt auf dem Friedhof Cimitero Barbarico ganz in der Nähe der Kirche Santa Maria de Idris steht und über die Stadt und die verwinkelte Schlucht schaut, fühlt sich wie im Jerusalem zu Jesu Zeiten. Das dachte sich auch Mel Gibson und drehte hier die Kreuzigungsszenen für seinen Film »Die Passion Christi«.

TIPPS & INFOS

SEHENSWERT: In der Casa Grotta nei Sassi kann man sich eine Höhlenwohnung anschauen, wie man sie über Jahrhunderte nutzte. Feuerstelle, Stall, Keller und Schlafstätte liegen direkt nebeneinander. Bei einer Führung in die Zisterne Palombaro Lungo an der Piazza Vittorio Veneto geht es unter die Erde. Die Zisterne wurde im 16. Jahrhundert angelegt und fasst fünf Millionen Liter Wasser.
UNTERKUNFT: Eine Unterkunft direkt in der Altstadt Sassi ist ein Muss! Familiengeführte Bed and Breakfasts vermitteln gemütlichen Höhlencharme mit, glücklicherweise, mehr Komfort als seinerzeit. Bei Airbnb gibt es eine gute Auswahl.
INFO: italien.de/staedte/matera

47 KAPUZINERGRUFT BRNO

Mönch-Mumien in Dienst der Armut

»Ego tu fui, tu ego eris.« Ich war du, du wirst ich sein. Je nachdem, wo man diesen Spruch liest, mag das eine schöne Vorstellung sein. In der Kapuzinergruft im tschechischen Brno, zu Deutsch Brünn, eher nicht. Unter der Kapuziner-Kirche liegen die sterblichen Überreste von Mönchen. Nicht etwa in Särgen, sondern einfach auf dem Boden, dicht an dicht, lagern nahezu perfekt mumifizierte Leichen. Den Kopf auf einen Stein gebettet, die Arme vor der Brust gekreuzt. Unschwer lassen sich noch Gesichtszüge erkennen, die Mönchskutten sind ebenfalls noch erhalten. Puh, das ist nichts für schwache Nerven ...

Von 1656 bis 1784 wurden in der Gruft Menschen beigesetzt. Schon früh wunderte man sich, denn die toten Körper wollten einfach nicht richtig verwesen. Ob da überirdische Kräfte am Werk sind? In der Realität liegt die Begründung wohl an besonderen klimatischen Bedingungen. Es ist eine Kombination aus einem ausgeklügelten System aus Lüftungsschlitzen, trockener Luft und der Zusammensetzung des Bodens, die die Konservierung begünstigt. Von insgesamt 150 Mönchen sind 24 erhalten. Die einfache Art der Bestattung ohne Sarg auf dem bloßen Boden entsprach dem Gelübde der Kapuzinermönche zu radikaler Armut. Der älteste Leichnam stammt aus dem Jahr 1658. Neben den Ordensmitgliedern wurden auch Wohltäter der Kapuziner in Särgen bestattet, unter ihnen der berüchtigte Franz Freiherr von der Trenck, der als kaiserlicher Offizier wie auch grausamer Panduren-Anführer in die Geschichte einging. Dieser ließ sich, nachdem er viele seiner Taten bereute, in der Manier der Mönche hier bestatten.

TIPPS & INFOS

SEHENSWERT: Der Atombunker 10-Z musste erfreulicherweise nie benutzt werden. Reserviert war der 1959 fertiggestellte Bunker für ein paar glückliche Auserwählte, die im Fall einer atomaren Bedrohung hier drei Tage hätten ausharren können. Heute kann der Bunker besichtigt werden.

AKTIV: Der Weg zur Festung Špilberk hoch über der Stadt lohnt sich. Die Burg hat eine lange Geschichte als Gefängnis und Ort der Folter. Der Legende nach spuken die Geister von Verurteilten noch heute in den düsteren Gemäuern.

INFO: hrobka.kapucini.cz; gotobrno.cz/de
gotobrno.cz/de/ort/atombunker-10-z-atomovy-kryt-10-z

Dank besonderen klimatischen Bedingungen mumifizierten die Gebeine der Toten (links und oben).

Am Tag schaut es aus wie ein Märchenschloss, doch wenn es Nacht wird, scheint der Ausdruck Gruselschloss passender zu sein.

48 CHÂTEAU DE BRISSAC

Doppelmord im Loire-Schloss

Fenstergiebel, Türmchen, Balustraden – das Schloss Brissac in der französischen Stadt Brissac-Quincé ist ein Schloss wie aus dem Bilderbuch! Ringsum eine weitläufige Parkanalge mit knorrigen alten Bäumen, das romantische Loire-Tal vor der Tür – es könnte alles so schön sein. Als Graf Jacques de Brézé vor etwa 600 Jahren von einem Jagdausflug in das Château de Brissac heimkehrte, erwischte er seine Frau, übrigens die uneheliche Tochter von Charles VII., in flagranti mit ihrem Liebhaber Pierre. Der betrogene Ehemann brachte kurzerhand beide um. Nach dem Mord floh der Graf aus seinem Schloss, denn die qualvollen Schreie seiner Frau und ihres Liebhabers hallten Nacht für Nacht durch die Gänge. Und davon gibt es im Château de Brissac viele. Das höchste Schloss Frankreichs hat nämlich sieben Stockwerke! Heute ist das Schloss ein Hotel, und wer mutig ist und ein wenig Geld in die Hand nimmt, kann auf ein Rendezvous mit der Dame des Hauses hoffen. Diese soll als »Dame Verte« in ihrem grünen Kleid durch das Château spuken und liebend gerne Übernachtungsgäste erschrecken. Manche Besucher wollen kalte Berührungen auf ihren Schultern gespürt haben, seltsame Geräusche gehört und geisterhafte Schemen gesehen haben. Auf eine geruhsame Nacht! Und falls sich die Grüne Dame nicht blicken lässt, dann lässt man sich einfach vom Charme des Schlosses in den Bann ziehen. Übrigens: Bis heute ist das Anwesen im Besitz der Familie Cossé Brissac, eines der ältesten Adelsgeschlechte Frankreichs.

TIPPS & INFOS

WISSENSWERT: Das Château de Brissac ist heute ein Museum und ein Hotel. Im Besuch inkludiert sind neben der Besichtigung eine Weinprobe, der Zugang zum Parkgelände und zum unterirdischen Tunnel. Eine Übernachtung kostet pro Doppelzimmer ab 450 Euro pro Nacht inklusive Frühstück.
SEHENSWERT: Wer Lust auf einen Roadtrip durch das Loire-Tal hat, darf das Château Chambord nicht verpassen. Das wohl schönste und imposanteste der Loire-Schlösser ist einfach zauberhaft. Doch auch hier soll es nicht mit rechten Dingen zugehen. Das Schloss wurde während des Deutsch-Französischen Krieges als Lazarett genutzt; die Geister der verstorbenen Soldaten sollen hier immer noch umgehen.
INFO: brissac.net; bloischambord.de

Luxemburgs Schloss ist eines der am besten erhaltenen in Europa.

Vergitterte Fenster zieren die Befestigungsanlage.

49 BOCK-KASEMATTEN

Ausflug in die militärische Vergangenheit Luxemburgs

Ein dunkler Raum, ein paar diffus beleuchtete Mauerreste. Wer in der archäologischen Krypta steht, dem Vorraum der Luxemburger Kasematten, blickt auf nichts weniger als die Wiege der Stadt. Bei Ausgrabungen 1993 entdeckte man die Grundmauern des ersten gräflichen Schlosses, das im zehnten Jahrhundert den Grundstein der Stadt Luxemburg legte. Von hier aus folgt man den dunklen, in Stein gegrabenen Gängen in den Kerker des alten Schlosses. Der Weg ist niedrig und eng, doch immer wieder geben die Schießscharten in der Wand Aussicht nach draußen. Die Kasematten wurden ab dem 17. Jahrhundert in den Bockfelsen gehauen und dienten, mit vielen Festungen verbunden, zur Verteidigung der Stadt. Hier hielten also Soldaten die Stellung. Die eindrucksvollen Festungsbollwerke brachten Luxemburg den Beinamen »Gibraltar des Nordens« ein, sie gehören zu den am besten erhaltenen Burganlagen Europas. Eine Legende aus dem Mittelalter erzählt, dass die Gräfin Ermesinde schwarze Magie benutzte und ihre dunklen Rituale in den Kasematten vollzog. Noch immer soll ihr Geist hier umherwandeln. Siegfried, der erste Graf von Luxemburg, soll eines Tages seine Frau Melusina in der Badewanne gesehen haben und dabei auch ihren Fischschwanz. Die Nixe verschwand in den Fluten der Alzette und soll im über 40 Meter in die Tiefe gegrabenen Brunnen der Burg zu sehen sein.

> »EINE LEGENDE AUS DEM MITTELALTER ERZÄHLT, DASS DIE GRÄFIN ERMESINDE SCHWARZE MAGIE BENUTZTE UND IHRE DUNKLEN RITUALE IN DEN KASEMATTEN VOLLZOG.«

TIPPS & INFOS

WISSENSWERT: Luxemburg war immer ein wichtiger Standort im Herzen Europas. Viel Blut wurde vergossen beim Versuch, die Stadt einzunehmen. 1644 gelang es den Spaniern, Luxemburg zu erobern. Die ersten Kasematten entstanden zu dieser Zeit, der Ausbau der insgesamt 23 Kilometer langen Gänge erfolgte 40 Jahre später. Auf verschiedenen Ebenen führen die labyrinthartigen Gänge bis in 40 Meter Tiefe. Heute ist das Verteidigungssystem Weltkulturerbe.

SEHENSWERT: Das Schloss Vianden, eine knappe Autostunde von Luxemburg entfernt, ist eine der schönsten Burganlagen Europas. Das Schloss zeigt eine Ausstellung zur Geschichte und bietet einen atemberaubenden Blick auf die umliegende Landschaft.

INFO: visitluxembourg.com/de/attraktion/bockkasematten
castle-vianden.lu

Das Kloster Chiajna ist eine überaus faszinierende Ruine.

»FAKT IST ABER, DASS DAS KLOSTER AUCH IN JÜNGERER ZEIT FÜR AUFSEHEN SORGTE.«

50 DAS KLOSTER CHIAJNA

Ein Ort, der das Unheil anzieht

Die Kirche sollte eine der wichtigsten Kultstätten Rumäniens werden, doch dazu kam es nie. Kurz bevor die Klosteranlage eröffnet werden sollte, wurde sie 1790 von den Türken zerstört. Man hatte sie ob ihrer Größe fälschlicherweise für eine Festung gehalten. Verschont blieb lediglich die Kirche. Der Anblick des mächtigen Gotteshauses gibt eine Idee davon, wie riesig das gesamte Kloster einst gewesen sein muss. Als die Pest in Europa wütete, fanden Kranke hier Zuflucht, nur lebend verließ das Gebäude fast keiner. Auch der Erzbischof jener Zeit soll hinter den Mauern von Chiajna verstorben sein. Nach der Pestepidemie überließ man das Kloster und mit ihm die Seelen der Verstorbenen ihrem Schicksal. Dass es hier spuken soll, muss man fast gar nicht mehr erwähnen. Auf der Mauer soll öfter eine engelsgleiche Frauengestalt zu sehen sein. Man sagt, es sei die Tochter der Fürstin Chiajna selbst, die vor ihrer Mutter weggerannt sei. Diese hatte ihr verboten, den Mann ihrer Träume zu heiraten. Aus Ärger über die ungehorsame Tochter ließ die Mutter sie kurzerhand umbringen. Die Wahrheit ist schwer zu belegen. Fakt ist aber, dass das Kloster auch in jüngerer Zeit für Aufsehen sorgte. So fand man 1967 bei der Ruine die Leiche eines gewaltsam zu Tode gekommenen Jugendlichen. Zehn Jahre später stürzte der Kirchturm bei einem Erdbeben ein. Und 2006 brachte ein Mann aus Eifersucht seine Geliebte, deren Mutter und ihren Ex-Ehemann in unmittelbarer Nähe der Klosteranlage um.

TIPPS & INFOS

WISSENSWERT: Auf Draculas Spuren in Bukarest: Curtea Veche, übersetzt Alter Fürstenhof, wurde im 15. Jahrhundert erbaut und diente Vlad III., dem historischen Vorbild Draculas, als Wohnsitz. Das Museum und die alte Hofkirche können besichtigt werden.

ANREISE: Die Klosterruine liegt eine Viertelstunde mit dem Auto außerhalb von Bukarest. Aufgrund der etwas abgeschiedenen Lage empfiehlt sich die Fahrt dorthin mit dem eigenen Wagen oder einem Taxi.

INFO: manastireachiajnagiulesti.ro
rumaenien-tourismus.de/curtea-veche

Wie viele Geister hier angeblich spuken, kann keiner genau sagen.

EUROPAS BESTE GRUSELMUSEEN

Ausstellungen des Horrors

Museen mit etwas abseitigen Themen sind Garanten für Gänsehaut. Aber mehr noch: Sie versorgen uns mit den passenden Hintergrundinformationen, damit wir das Gesehene einordnen können.

Ständig überbelegt war das Dubliner Gefängnis: ein Horror apokalyptischen Ausmaßes für Inhaftierte.

Foltermuseum, Rothenburg ob der Tauber

Die Eiserne Jungfrau ist vielleicht das berüchtigste der mittelalterlichen Folterwerkzeuge. Das Museum zeigt auf eindrückliche Weise, wie einfallsreich grausame Menschen waren, wenn es um Foltermethoden ging. Auf mehreren Etagen gibt es Exponate der ausführenden mittelalterlichen Rechtsprechung (kriminalmuseum.eu).

Grant Museum of Zoology, London

Gläser mit eingelegten Kängurus, Affenskelette und ein präpariertes Elefantenherz: Die naturkundliche Sammlung, die Teil des University College London ist, wurde 1828 als »Lehrsammlung und Seziermaterial« gegründet. Heute können Besucher die teils skurrilen Exponate bestaunen (ucl.ac.uk/culture/grant-museum-zoology).

Hexenmuseum, Ribe

Das HEX!-Museum der Hexenverfolgung widmet sich der düsteren Geschichte der »Hexenangst«, die im 16. und 17. Jahrhundert in Dänemark und im übrigen Europa um sich ging. Die Folge waren unzählige Hexenprozesse und der Tod vieler unschuldiger Frauen und Männer. Ribe war das Zentrum der dänischen Hexenverfolgung. Das Museum informiert auf moderne interaktive Weise über diese dunkle Ära (hexmuseum.dk/en).

Gefängnis-Museum, Dublin

Kilmainham Gaol ist ein ehemaliges Gefängnis im Dubliner Stadtteil Kilmainham. Die Haftanstalt war ein wichtiger Schauplatz des irischen Unabhängigkeitskampfes. Fast alle irischen Führer dieses Kampfes sowie der des Osteraufstands von 1916 waren in Kilmainham Gaol inhaftiert, viele von ihnen wurden hier hingerichtet. Heute ist der ehemalige Kerker ein Museum und Denkmal der irischen Geschichte (kilmainhamgaolmuseum.ie).

Speculum Alchemiae, Prag

Auf den Spuren des Heiligen Grals besucht man in Prag eine Alchemiewerkstatt. Im Jüdischen Viertel fand man bei Restaurationsarbeiten die Reste einer wundersamen Werkstatt. Die geheimnisvolle Wissenschaft der Alchemie fand in Prag in der Renaissance unter der Herrschaft von Rudolf II. ihren Höhepunkt. Im Museum werden okkulte Praktiken vergangener Zeiten mit der heutigen Wissenschaft in Verbindung gebracht (alchemiae.cz/en).

Bestattungsmuseum, Wien

Die Wiener haben ein besonderes Verhältnis zum Tod. Im Bestattungsmuseum am Wiener Zentralfriedhof geht es unter der historischen Aufbahrungshalle durch die Geschichte der hiesigen Bestattungskultur. Es zeigt auch das ein oder andere skurrile Objekt (bestattungsmuseum.at).

Nuclear Bunker Museum, Budapest

Das Museum widmet sich der Geschichte des Krankenhauses, das sowohl im Zweiten Weltkrieg als auch während der Revolution von 1956 eine wichtige Rolle als Notfalleinrichtung spielte. Im Kalten Krieg wurde es zu einem Atombunker ausgebaut. Bei Führungen geht es in die 2000 Quadratmeter große unterirdische Anlage (sziklakorhaz.eu/en).

Als Lehrmaterial wurden die Präparate im University College London gelagert.

Das Gefängnis Kilmainham Gaol war fast 130 Jahre lang ein Schauplatz des Schreckens in Irlands Hauptstadt Dublin.

Irlands Riesen sollen hier einst eine Brücke gebaut haben.

UNERGRÜNDLICHES WASSER

Verborgene Welt unter der Wasseroberfläche

Mit dem Wasser ist es so eine Sache: Es ist der Ursprung allen Lebens, ohne es können wir nicht überleben, wir selbst bestehen zu einem Großteil aus Wasser. Doch gleichzeitig kann uns Wasser in große Gefahr bringen und im schlimmsten Fall gar den Tod bedeuten.

Ob Stürme, Strömungen oder Fluten – Wasser kann uns gefährlich werden. Für unsere Vorfahren waren die scheinbar unendlichen Weiten des Ozeans unbegreiflich. Und so zieht uns das Wasser immer wieder in seinen Bann, auf gute oder schlechte Weise. Auf Inseln suchten Menschen Zuflucht oder isolierten andere von der Außenwelt. An den Küsten sorgten Festungen wie die der Wikinger oder Bunker in den Kriegen der Neuzeit für Schutz.
Seit jeher verbindet uns Menschen mit dem Wasser eine zwiespältige Beziehung, die sich in Sagen und Legenden zu Seen, Meeren oder Quellen zeigt. So ist die Rede von Unterwasserschlössern, von Riesen, die in Panik Steinbrücken zerstörten und seltsame Formationen zurückließen, und von Seekreaturen wie dem berühmten Ungeheuer von Loch Ness. Unsere Vorfahren vermuteten Nixen und Meerjungfrauen in den Gewässern, und bis heute halten sich die Mythen standhaft.

DIE TOP 5 MYTHOS-SPOTS AM WASSER

Reschensee, Österreich
Ein ganzes Dorf fiel den Fluten des Reschensees zum Opfer. Mit ihm gingen die Geschichten ganzer Generationen unter (reschensee-reschenpass.com).

Spinalonga, Griechenland
Früher eine Festung der Venezianer, dann ein Ort ohne Wiederkehr für die Opfer der Lepra (griechenland.de/spinalonga).

Mont Saint-Michel, Frankreich
Mitten im Meer erhebt sich umspült von den Kräften der Gezeiten der Inselberg (traversee-montsaintmichel.com).

Prora, Deutschland
Im Nazi-Deutschland sollten die Deutschen unter der Aufsicht der Partei hier Urlaub machen (proradok.de).

Venedig, Italien
Eine Stadt, die am und mit dem Wasser lebt. Selbst der Friedhof ist eine Insel (turismovenezia.it/Venezia).

Geheimnisvoll zieht der Nebel über dem Moor von Bjældskovdal bei Tollund auf.

51 DER TOLLUND-MANN

Eine der berühmtesten Moorleichen der Welt

Als die jungen Brüder Viggo und Emil im Jahr 1950 gerade zum dutzendsten Mal an diesem Tag den Torfspaten mit Wucht in den sumpfigen Boden von Bjældskovdal bei Tollund rammten, rief Viggos Frau: »Stopp!«. In rund zweieinhalb Meter Tiefe lag eine Leiche. Was sie sahen, war ein gut erhaltener Körper, embryonal zusammengekauert, nur mit einer Wollmütze bekleidet. Was sie zunächst für einen erst kürzlich umgekommenen Menschen hielten, stellte sich später als einen der bemerkenswertesten Moorleichenfunde der Welt heraus. Der sogenannte Tollund-Mann ist nämlich 2200 bis 2400 Jahre alt und lebte in der späten Eisenzeit.
Untersuchungen ergaben, dass der zwischen 30 und 40 Jahre alte Mann erhängt wurde, das Lederband ist noch um seinen Hals. Heute befindet sich die Moorleiche zusammen dem Elling-Mädchen, das in den 30er-Jahren ebenfalls in der Nähe gefunden wurde, im Museum Silkeborg. Wer im Moor auf Spurensuche gehen will, kann dies bei einer Umrundung des Bølling-Sees. Auf rund zehn Kilometern geht es immer am Ufer entlang durch das sumpfige Gebiet. Der See wurde ab 2004 mit einer Fläche von 360 Hektar westlich von Silkeborg nachgebaut. Hier befand sich zuvor ein See, der bis in die 1870er-Jahre ausgetrocknet war. In dem zurückgebliebenen Sumpfgebiet, das zur Torfgewinnung genutzt wurde, fand man an der Ostseite des Sees in Bjældskovdal die beiden bekannten Moorleichen.

Der Tollunder See wurde erst vor 20 Jahren renaturiert.

»WAS SIE ZUNÄCHST FÜR EINEN ERST KÜRZLICH UMGEKOMMENEN MENSCHEN HIELTEN, STELLTE SICH SPÄTER ALS EINE DER BEMERKENSWERTESTEN MOORLEICHENFUNDE DER WELT HERAUS.«

TIPPS & INFOS

SEHENSWERT: Das Silkeborg Bunkermuseum zeigt die Geschichte der deutschen Besetzung Dänemarks. Es ist in einem ehemaligen Mannschaftsbunker untergebracht, der zusammen mit weiteren zwölf Bunkern und 30 kleineren Betonanlagen das deutsche Militärhauptquartier im Zweiten Weltkrieg in Dänemark bildete.

AKTIV: Silkeborg gilt durch seine Lage als Dänemarks Outdoor-Hauptstadt. Doch auch in der Stadt gibt es viel zu entdecken. Darunter Skurriles wie den Troll »Stærke Storm«, eine von dem Künstler Thomas Dambo geschaffene riesige Holzskulptur.

INFO: visitaarhus.de; silkeborgbunkermuseum.dk

Beim Wikingerfestival wird die alte Zeit noch einmal lebendig.

52 DIE TRELLEBORG

König Blauzahns Wikingerburg

Blutige Schlachten, Brandschatzung, Plünderei und grausame Opfer – die Wikinger brachten Angst und Schrecken über Europa, der Zorn der Nordmänner war berüchtigt. Hätte Harald Blauzahn gewusst, dass er heute fast nur für eine Möglichkeit der Datenübertragung bekannt ist – es hätte ihm sicher nicht gefallen. Harald Blauzahn war einer der größten Wikingerkönige seiner Zeit. Unter ihm formte sich das bis dahin unbedeutende Dänemark zusammen mit Norwegen zu einem nordischen Großreich. Unter der Herrschaft Blauzahns wurde im Jahr 980 die Trelleborg in der Nähe von Slagelse in West-Seeland errichtet. Die kreisrunde Festung bestand aus acht Rundtürmen und einer massiven Holzwand, die den Innenhof umgab. Die Ringmauer von Trelleborg hat einen Durchmesser von 134 Metern. Neben den Resten der ursprünglichen Burg, die bis heute deutlich erkennbar sind, geben die Nachbauten von Gebäuden und Wehranlagen ein authentisches Bild der Burg wieder. Man nimmt aber an, dass die Burg in erster Linie militärischen Zwecken diente und sie Teil eines Verteidigungssystems war, das von den Wikingern entlang der Küstenlinie errichtet wurde, um Eindringlinge abzuwehren. Man kann sich vorstellen, wie man ums Feuer saß, die nächsten Plünderungen plante, Waffen schärfte, schmiedete und trainierte. Ob die Wikinger hier auch Gefangene hielten oder gar hinrichteten, ist unklar. Doch eines weiß man: Sie praktizierten eine harte Form der Bestrafung. Grausame Foltermethoden waren nicht unüblich, und der legendäre Blutadler lässt definitiv das Blut in den Adern gefrieren.

TIPPS & INFOS

WISSENSWERT: In der Trelleborg taucht man in den rekonstruierten Gebäuden und Ausstellungen in die Welt der Wikinger ein, und beim Bogenschießen und Knäckebrotbacken darf man auch selbst anpacken. Im Juli findet jährlich das Wikingerfestival statt. Dann wird die Wikingerzeit bei Kämpfen, beim Schmieden, Nähen und Kochen lebendig.

AKTIV: Weniger als eine Stunde entfernt befindet sich Dänemarks coolster Baumwipfelpfad. Das Camp Adventure in Skovtårnet bietet Abenteuer auf den Dächern der Bäume und Weitblick.

INFO: visitdanmark.de; campadventure.dk
natmus.dk/museer-og-slotte/trelleborg

Per Boot geht es über das Wasser in der Vulkanhöhle.

53 DER HÖHLENSEE VON TAPOLCA

Mit dem Boot unter die Erde

Ein See tief im Inneren der Erde. Nördlich des Plattensees liegt der Ort Tapolca inmitten vulkanischer Berge. Verborgen unter den Häusern und Straßen, erstreckt sich über vier Kilometer ein Höhlensystem, durch das auch Wasser fließt. Langsam gleitet man fast geräuschlos über das glasklare Wasser durch eine schmale Felsspalte. Man muss den Kopf einziehen und sollte besser keine Probleme mit engen, geschlossenen Räumen haben. Kurz Luft anhalten, dann ist man im Inneren der Höhle. Das Wasser schimmert türkis, die Luftfeuchtigkeit ist spürbar hoch. Das warme Wasser erwärmt auch die Höhle selbst. Konstante 18 Grad herrschen hier unter der Erde – das ganze Jahr über. Auf dem Trockenen geht es einige Treppenstufen hinab in die Grotte. Es dauert ein wenig, dann erstreckt sich in dem Gewölbe ein saalartiger Raum, der eine ganz eigenartige Atmosphäre hat.

Während das Heilwasser, das an der Erdoberfläche hervorquillt, schon länger bekannt ist, wurde die Höhle erst Anfang des 20. Jahrhunderts entdeckt. Der Legende nach verschwand ein Schaf von einer Sekunde auf die nächste. Als der Hirte es suchte, sah er, dass es in ein tiefes Loch gefallen war. Eine andere Geschichte erzählt vom Bäcker Pál Tóth, der im Jahr 1902 einen Brunnen in seinen Garten graben ließ. Dabei stieß man unerwartet auf ein größeres Loch: den Eingang zur Höhle.

TIPPS & INFOS

WISSENSWERT: Vor der Bootsfahrt auf dem Höhlensee geht es durch das Besucherzentrum und die Ausstellung über die beeindruckende Welt der Karstregionen und des Höhlensees. Es empfiehlt sich, die Tickets im Voraus online zu bestellen.

AKTIV: Der nahegelegene Plattensee ist der größte aktive Thermalsee. Im warmen Wasser kann man das ganze Jahr über baden, auf dem Stand-up-Board unterwegs sein oder bei Wanderungen um den See die Burgruinen erkunden.

INFO: bfnp.hu; balaton24.de/ausflug.shtml
bfnp.hu/de/besucherzentrum-1/seehohle-besucherzentrum-in-tapolca-tapolca

In der langen Gedenkhalle wird ein schweres Stück Geschichte vermittelt.

»WER IN DAS FEUER SCHAUT, SIEHT SEIN EIGENES, IM SPIEGEL VERZERRTES BILD, IN DEM DIE STICHFLAMMEN ZÜNGELN.«

54 STEILNESET MEMORIAL

Ein Denkmal für die Hexen

Als Siri Knudsdatter 1621 ins Wasser gelassen wurde, war leider bereits klar, dass es für sie nicht gut ausgehen würde. Die Frau aus dem nordnorwegischen Vardø war der Hexerei angeklagt. Über ihre Schuld oder Unschuld sollte nun die Wasserprobe entscheiden. An Händen und Füssen gefesselt wurde sie in die Barentsee geworfen – und schwamm. Für das Gericht war das Ergebnis eindeutig. Sie muss eine Hexe sein, denn reines Wasser stoße vom Teufel besessene Körper ab. Wäre sie untergegangen, wäre das der Beweis ihrer Unschuld gewesen, hätte sie aber auch nicht gerettet. Im Anschluss wurde Siri, wie viele andere, verbrannt. Im kleinen Dorf Vardø im äußersten Norden des norwegischen Festlands, über 2000 Straßenkilometer nördlich von Oslo und an der Grenze zu Russland, wurden zwischen 1601 und 1692 wegen Hexerei 91 Personen hingerichtet, und das bei gerade einmal 300 Einwohnern und Einwohnerinnen – mehr als irgendwo sonst in Norwegen.

Heute erinnert ein Mahnmal am Wasser an die grausame und vor allem willkürliche Rechtsprechung der Finnmark: Der Schweizer Architekt Peter Zumthor errichtete eine begehbare Holzkonstruktion, welche an die Trockenfischanlagen erinnert, die hier unbenutzt in der Gegend herumstehen. Texte der Historikerin Liv Helene Willumsen geben die Prozessakten wieder, und Louise Bourgeois' Installation in einem separaten Pavillon, ein Stuhl, aus dem Flammen lodern, trifft ins Mark. Wer in das Feuer schaut, sieht sein eigenes, im Spiegel verzerrtes Bild, in dem die Stichflammen züngeln.

TIPPS & INFOS

ANREISE: Vardø liegt auf der Insel Vardøya in der Barentsee direkt vor der Küste der großen Halbinsel Varanger in der arktischen Klimazone. Sie ist älteste Stadt in Nordnorwegen, die östlichste des Landes und damit die Pforte zur Nordostpassage. Wie wäre es mit einem Roadtrip bis in den hohen Norden Norwegens?

WISSENSWERT: Im Varanger-Museum gibt es in der Abteilung über Vardø mehr über die Zeit der Hexenverfolgung und -verbrennung zu erfahren.

INFO: visitnorway.de; varangermuseum.no/de nasjonaleturistveger.no/de/routen/varanger

Die Installation des brennenden Stuhls erinnert an die Opfer der Hexenverfolgung.

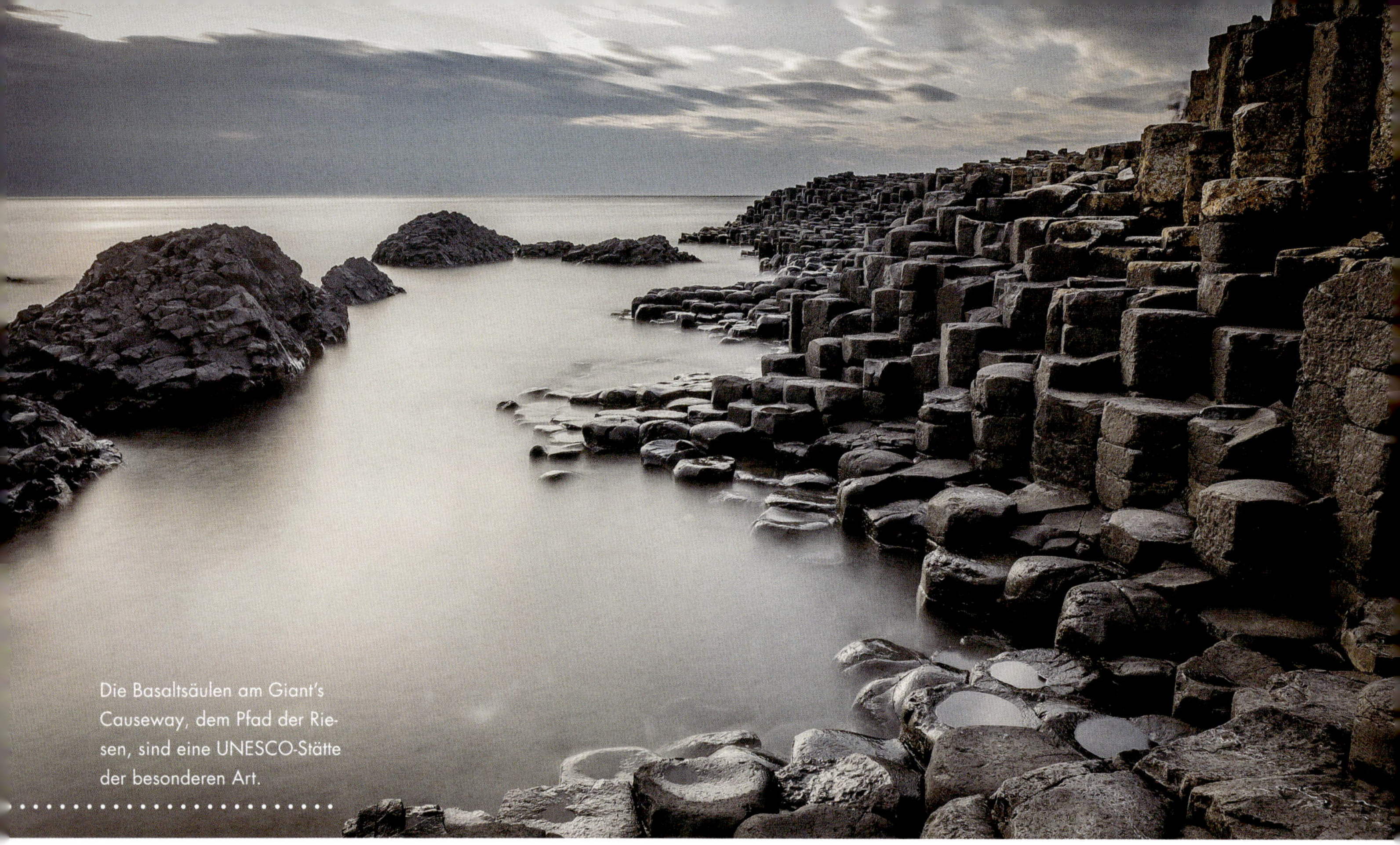

Die Basaltsäulen am Giant's Causeway, dem Pfad der Riesen, sind eine UNESCO-Stätte der besonderen Art.

55 GIANT'S CAUSEWAY

Wo ein Riesenbaby Panik entfachte

Fionn McCumhaill oder auch Finn McCool – wie cool ist dieser Name – ist seines Zeichens Riese, genauer gesagt ein irischer Riese. Dieser soll zu einem schottischen Kollegen namens Benandonner ein nicht allzu gutes Verhältnis gepflegt haben. Mit einer List wollte der Ire dieser Rivalität ein Ende sitzen. Er baute mit Basaltsäulen eine Art Brücke über das Meer, um dort den Schotten herauszufordern. Als Baby verkleidet wanderte er über die Brücke und kam in Schottland an. Benandonner stockte der Atem. Wenn bereits das Baby so groß war, wie groß musste sein Vater sein? Entsetzt floh der Riese und zerstörte dabei die Steinbrücke. Nur noch ein kleiner Rest der Steine und das Gefühl der Panik blieben an Ort und Stelle zurück. Wer die etwa 40 000 Basaltsäulen erblickt, die fast lückenlos aneinandergereiht im Wasser stehen, wundert sich nicht, dass der Giant's Causeway über Generationen hinweg die Fantasie der Menschen beflügelte. Künstler und Schriftsteller ließen sich hier zu zahlreichen Werken inspirieren. Die Geschichte vom Riesen ist typisch für die Sagenwelt Irlands. Riesen, Feen und zauberhafte Wesen gehören hier fest zum folkloristischen Legendenschatz dazu. Das besondere geologische Phänomen des Vulkangesteins beschäftigt die Wissenschaft, doch bei einem Besuch der Steinformationen überlässt man seine Gedanken viel lieber der Fantasie. Die 60 Millionen Jahre alte UNESCO-Welterbestätte ist ein Ort, der mit seiner magischen Atmosphäre selbst die rationalsten Geister einlullt.

TIPPS & INFOS

ANREISE: Von Belfast kann man die rund 80 Kilometer auf der M 2 fahren oder aber die schönere Strecke direkt an der Küste entlang. Direkt vor Ort gibt es einen Parkplatz.

AKTIV: Besucher können den Giant's Causeway, den Damm des Riesen, erkunden und die einzigartige Schönheit dieser natürlichen Formation hautnah erleben. Es gibt verschiedene Wanderwege, die entlang der Basaltsäulen führen, und man kann die außergewöhnliche geometrische Anordnung dieser Formation bewundern sowie die unterschiedlichen Höhen und Formen der Säulen.

INFO: entdecke-irland.com/antrim/giants-causeway

Beim Anblick des NS-Baus kommt beim Betrachter ein mulmiges Gefühl auf.

56 PRORA
Der Koloss von Rügen

Auf knapp fünf Kilometern Länge erstreckt sich ein grauer Koloss am Strand von Rügen. Im Dritten Reich wollte man hier das Volk bei Laune halten. Die NS-Gemeinschaft »Kraft durch Freude« (KdF) errichtete ab 1936 an der Prorer Wiek den Riesenbau aus acht Blöcken, in denen 20 000 Urlauber unterkommen sollten. Damit gilt der sogenannte »Koloss von Rügen« als das längste Gebäude der Welt. Die Aufgabe der KdF-Gemeinschaft bestand darin, die Freizeit- und Urlaubsgestaltung der Deutschen so zu organisieren, dass selbst im Urlaub die Partei die Kontrolle behielt. Doch aus dem Urlaubstraum der Nationalsozialisten wurde nichts: Mit Kriegsbeginn 1939 wurden die Arbeiten eingestellt, da die Baufirmen zu kriegswichtigen Anlagen abgezogen wurden. Ab 1940 wurden Polizeibataillone in den bereits fertiggestellten Bauteilen untergebracht, später diente Prora als Lazarett und bei Kriegsende schließlich als Flüchtlingslager.

Nach dem Krieg nutzten erst die Sowjets das Areal bis 1953, später erklärte die NVA das Gelände zum militärischen Sperrgebiet, in dem zeitweise bis zu 10 000 Soldaten gedrillt wurden. Nachdem der Gebäudekomplex 1994 unter Denkmalschutz gestellt wurde, verkaufte man große Teil an private Investoren. Heute befinden sich neben einem Dokumentationszentrum eine Jugendherberge und Luxuseigentumswohnungen in dem Gebäudekomplex. Wer den Betonklotz im Rücken hat, auf das Meer schaut und die Überreste der Betonstrukturen am Strand links liegen lässt, findet sich am kilometerlangen Küstenstreifen von Prora an einem der schönsten Strände der Insel wieder.

TIPPS & INFOS

SEHENSWERT: Das Besucherzentrum widmet sich mit Dauer- und Sonderausstellungen der Geschichte des Orts. Außerdem werden öffentliche Führungen angeboten.
AKTIV: In Prora, dem nördlichen Stadtteil des Ostseebads Binz, eröffnete 2013 das familienfreundliche Natur Erbe Zentrum Rügen mit Baumwipfelpfad und Erlebnisausstellung.
INFO: proradok.de

57 KAALI-KRATER

Ein Meteoritenfeld mit Opferstelle

Als vor rund 4000 Jahren ein Meteorit auf der estnischen Insel Saaremaa einschlug, glich das Ausmaß dem einer Atombombe. Die Einschlagsenergie des Meteoriten wird heute auf das Hundertfache der Hiroshima-Bombe geschätzt. Der gesamte Wald der Insel verbrannte, Trümmerteile flogen durch die Luft und formten neun Krater. Der größte, der sogenannte Kaali-Krater, hat ein Ausmaß von 110 Metern Durchmesser und 22 Metern Tiefe. Dieser Krater ist heute mit Wasser gefüllt. Auf der Oberfläche des glatten Kaali-Sees spiegeln sich die Bäume und der Himmel. Bei einem Rundgang lassen sich, angeregt von der besonderen Atmosphäre des Kraters, immer wieder neue Bilder erkennen. Der Kaali-Krater inspirierte im Laufe der Jahrhunderte viele Legenden und Geschichten. Eine davon besagt, dass er das Werk eines Riesens namens Uku sei, der einen gigantischen Stein auf die Erde schleuderte, um seine Feinde zu vernichten. Eine andere Legende sieht den Krater als den Ort, an dem der Himmel auf die Erde fiel. Ausgrabungen belegen, dass vor dem Meteoriteneinschlag bereits Menschen in der Gegend lebten. In der prähistorischen Siedlung, umgeben von einer Mauer, fand man zahlreiche Tierknochen von Pferden, Rindern und Schafen, aber auch Keramik, Schmuck und Werkzeuge. Heute geht man davon aus, dass an diesem Ort religiöse und rituelle Tieropfer dargebracht wurden. Die Opferstelle, die aufschlussreiche Erkenntnisse über das damalige Leben und die Kultur lieferte, kann man besuchen und so in die Zeit vor dem verheerenden Knall eintauchen.

In der Rangliste der Riesenkrater der Welt liegt der Kaali-Krater an achter Stelle (unten). Eiskaltes Wasser und beeindruckende Tiefen gibt es in der Silfra-Spalte zu entdecken (oben).

TIPPS & INFOS

WISSENSWERT: Das Besucherzentrum von Kaali befindet sich auf dem Kraterfeld von Kaali, etwa drei Kilometer von der Landstraße Kuivastu–Kuressaare entfernt. Zur Inselhauptstadt Kuressaare sind es 18 Kilometer. Das Museum für Meteoritik und Kalkstein präsentiert eine Übersicht von Meteoritik in Estland und in der Welt. Sehenswert: In Kuressare steht eine Bischofsburg aus dem 13. Jahrhundert, die Hauptsehenswürdigkeit der Stadt. Außerdem ist die Stadt ein bekannter Kurort mit einigen Spa-Hotels.

INFO: kaali.kylastuskeskus.ee/ing/museum.php
visitestonia.com/de

58 SILFRA-SPALTE

Wo die Erde auseinandertriftet

Obwohl der dicke Neoprenanzug vor der gröbsten Kälte schützt, fröstelt man unweigerlich, wenn das kalte Wasser die Lippen berührt. Links und rechts erheben sich steile Felswände, unten ist nichts als Dunkelheit. Das Wissen, dass man zwischen den Kontinenten schwimmt, sich auf der einen Seite die Nordamerikanische Kontinentalplatte und auf der anderen die Eurasische befindet, lässt das Unterwasserabenteuer surreal erscheinen. Da sorgt nicht nur die Kälte des Wassers für einen eisigen Schauer. Mitten im isländischen Þingvellir durchzieht die Bruchzone der beiden Kontinentalplatten den Nationalpark. Nirgendwo sonst auf der Welt wird die Plattentektonik optisch so deutlich wie hier. Die Menschen hier erzählen, dass in der Silfra-Spalte früher Feen lebten. Kleine Höhlen und Tunnel sollen sie bewohnt und sich um die Sauberkeit des Wassers gekümmert haben. Und das scheinen sie heute noch zu tun, denn das Wasser ist kristallklar. Auch wer nicht in der Silfra-Spalte zum Tauchen oder Schnorcheln ins Wasser steigt, kann die Einzigartigkeit und Schönheit dieses Ortes bei Wanderungen erleben. Þingvellir ist zudem von großer historischer Bedeutung für Island. Im Jahr 930 n. Chr. wurde hier das Alþingi, eines der ersten Parlamente der Welt, gegründet. Über 800 Jahre lang trafen sich Vertreter der isländischen Wikingerstämme, um hier Gesetze zu verabschieden und Streitigkeiten beizulegen.

TIPPS & INFOS

WISSENSWERT: In Þingvellir finden regelmäßig Veranstaltungen statt, bei denen Traditionen, Kultur und Folklore gepflegt werden. Der isländische Nationalfeiertag, der jedes Jahr am 17. Juni groß gefeiert wird, ist ein Höhepunkt im Veranstaltungskalender von Þingvellir und zieht Besucher aus der ganzen Welt an.

SEHENSWERT: Wer etwa zwei Stunden der Ringstraße gen Süden folgt und dann noch etwa zwei Stunden wandert, kommt am vielleicht bekanntesten Lost Place der Insel vorbei: dem Lavastrand von Sólheimasandur mit dem Flugzeugwrack.. Die Cesna 172N der US-Navy musste 1973 hier notlanden und ist seitdem sich selbst überlassen.

INFO: thingvellir.is/en

Nachts soll man die Glocken des Kirchturms noch läuten hören.

Tragische Postkartenidylle:
der Reschensee

59 DER KIRCHTURM IM RESCHENSEE

Stummer Zeuge untergegangener Dörfer

Man nehme hoch in den Himmel ragende Berggipfel, saftig grüne Almwiesen, einen tiefblauen Himmel, der mit der spiegelglatten Wasseroberfläche des Bergsees um die Wette strahlt, und fertig ist das Bilderbuch-Alpenpanorama. Der Reschensee im Südtiroler Vinschgau lässt Herzen höherschlagen. Doch ein Detail irritiert. Mitten im Blau des Bergsees ragt ein markanter Turm hervor. Es handelt sich um den Kirchturm der Pfarrkirche St. Katharina aus dem Jahr 1357, der einst den Mittelpunkt des Dörfchens Graun bildete. Im Sommer 1950 fielen Graun und ein Großteil des Dorfes Reschen infolge einer Seestauung zugunsten eines Elektrizitätswerks den Wasserfluten zum Opfer. Die Bewohner wurden umgesiedelt, ihre Häuser gesprengt – die Bewohner und Bewohnerinnen hatten kein Mitspracherecht. Nur der Kirchturm, der denkmalgeschützt ist, blieb verschont. Rund 1000 Menschen verloren ihr Zuhause, ihre Heimat und in vielen Fällen ihre Existenz. Was für die meisten Besucher ein Postkartenmotiv ist, ist für die einstigen Bewohner ein Stich ins Herz. Der Turm steht bis heute als stummer Zeuge einer früheren Heimat und als Mahnmal für politische Willkür, denn als diese empfanden die Betroffenen die Aktion des zuständigen Stromkonzerns.
Übrigens: Es heißt, dass man in ruhigen Nächten die Glocken der versunkenen Kirche noch läuten hören kann.

»RUND 1000 MENSCHEN VERLOREN IHR ZUHAUSE, IHRE HEIMAT UND IN VIELEN FÄLLEN IHRE EXISTENZ.«

TIPPS & INFOS

SEHENSWERT: Mit dem Aufstauen des Sees wurde auch der ehemalige Friedhof von Alt-Graun geflutet. Nach dem Widerstand der Bevölkerung wurden die Verstorben exhumiert und auf dem neuen Friedhof von Graun wieder begraben. Vom Friedhof aus hat man einen guten Blick sowohl über Neu-Graun als auch über den See mit dem Kirchturm.

AKTIV: Der größte See Südtirols ist von einem 15 Kilometer langen Promenadenweg umgeben. Eine Wanderung kann man von jedem Ort aus starten. Die Strecke ist weitgehend asphaltiert und ohne große Höhenunterschiede zu meistern, auch mit Kinderwagen. Wem die gesamte Strecke zu weit sind, der kann nach der halben Seeumrundung mit dem Bus zurück zum Ausgangspunkt fahren.
INFO: reschensee-reschenpass.com

Keine Science-Fiction-Filmkulisse, sondern Schutz vor Angriffen im Zweiten Weltkrieg: die Maunsell Forts

60 DIE MAUNSELL SEA FORTS

Fort Madness

Stählerne Türme mitten im Wasser. Die Metallkolosse sehen aus, als wären sie aus einem dystopischen Science-Fiction-Film gefallen. Errichtet wurden die Maunsell-Türme während des Zweiten Weltkrieges an der Mündung der Flüsse Mersey und Themse, um die englische Küste vor deutschen U-Boot- und Luftangriffen zu schützen. Jeder der sieben Türme hatte dabei seine spezifische Funktion. Einer war für die Abwehr von Flugzeugen, ein anderer zur Überwachung oder Kommunikation zuständig.

In den dunklen Verteidigungsanlagen zehn Kilometer vor der Küste lebten die Soldaten unter teils unmenschlichen Zuständen. Die Schlafplätze befanden sich in den fensterlosen Beinen der Forts unter Wasser. Zu viele Menschen auf engstem Raum, spartanische Ausstattung, komplette Isolation, ständige Angst vor Angriffen, und das bei Wind und Wetter, machten sich bei den Soldaten bemerkbar und brachten den Türmen den Spitznamen »Fort Madness«.

Nach Angriffen im Krieg blieben vier der Türme erhalten. In einem davon machte sich in den 50er-Jahren ein britischer Piratensender breit, dessen Betreiber hier einen nicht anerkannten Mikrostaat namens »Sealand« gründete.

Zu Füßen der Türme liegt auch das Wrack eines amerikanischen Kriegsschiffes, das voll beladen mit Munition auf Grund lief und zerbrach. Zwar konnte ein Teil der Ladung entfernt werden, dennoch besteht nach wie vor die Gefahr einer Explosion, weshalb das Schiff rund um die Uhr überwacht wird.

TIPPS & INFOS

WISSENSWERT: Um die Maunsell Forts zu sehen, kann man einen Bootstrip unternehmen. Mit dem ehemaligen Lotsenboot »X-Pilot« geht es von Queenborough auf der Isle of Sheppey östlich von London zu den Forts und dem Schiffswrack. Das Frachtsegelschiff »Greta« bringt Besucher im Rahmen von Charterfahrten zu den Türmen.

AKTIV: Beim Spaziergang am Strand von Minster Leas östlich von Sheerness kann man bunte Strandhütten bewundern und einen paar Stunden am Beach verbringen. Hier geht es immer quirlig zu, aber die Atmosphäre ist toll.

INFO: bobleroi.co.uk

Sie gilt als nahezu uneinnehmbar, daher war sie in der Vergangenheit auch Versteck der Schottischen Kronjuwelen: die Burg Dunnottar.

61 DUNNOTTAR CASTLE

Spiegel schottischer Geschichte

Sie steht stolz auf einem Felsen, der rund 50 Meter über der tosenden Nordsee aufragt. Der Felsen, und damit auch der Zugang zur Burg Dunnottar, ist nur über einen Pfad mit 200 Stufen und eine schmale Landbrücke mit dem Festland verbunden. Die isolierte Lage schützte die Burg und brachte ihr den Ruf ein, nahezu uneinnehmbar zu sein. Doch so ganz stimmte das leider nicht. Die Festung war immer wieder stark umkämpft. Schon im 7. Jahrhundert wird von einer ersten Belagerung berichtet. Im Jahr 1296 riss sie sich der englische König Edward Dunnottar unter den Nagel. Dann kam William Wallace, besser bekannt als Braveheart, stürmte die Burg und setzte die englischen Soldaten in der Kapelle in Brand. Die Herrscher wechselten am laufenden Band. 1685 ging der sogenannte »Whigs Vault« in die Geschichte ein. In einem Gewölbe sperrte man 122 Männer und 45 Frauen der Covenanters, eine schottische protestantische Minderheit, ein und ließ sie unter katastrohpalen Umständen im Verlies schmoren. Nach zwei Monaten wurden 37 entlassen, da sie ihrem Glauben abgeschworen hatten. Von 25, die fliehen konnten, wurden 15 wieder eingefangen, zwei stürzten über die Klippen in den Tod. Der Rest starb in Haft oder wurde deportiert. Die Familie Keith, die Hausherren im 18. Jahrhundert, stellte sich auf die Seite der Jakobiten und wurde hingerichtet. Wie es sich für schottische Schlösser gehört, spukt es hier natürlich auch. Besonders beliebt ist eine Hexe, die im 17. Jahrhundert in der Nähe lebte. Sie soll mit dem Teufel im Bunde gewesen sein und war gerne in Katzengestalt unterwegs. Bis heute soll sie auf Samtpfoten in der Burg herumstreifen.

TIPPS & INFOS

ANREISE: Die Burgruine liegt direkt am »Aberdeenshire Coastal Trail«. Die nächste Stadt ist Stonehaven. Parkplätze gibt es vor Ort, oder aber man verbindet den Besuch mit einer aussichtsreichen Wanderung auf dem Küstenpfad.
WISSENSWERT: Der schmale und steile Weg zur Burg war perfekt zur Verteidigung. Für die Versorgung der Bewohner war das allerdings ein Problem. Lebensmittel und andere Waren wurden von besonders robusten und trittsicheren Ponys transportiert. Übrigens wurden hier während der Englischen Bürgerkriege die Schottischen Kronjuwelen versteckt.
INFO: dunnottarcastle.co.uk

Das Ungeheuer hat sich schon länger nicht mehr blicken lassen ...

62 LOCH NESS

Das berühmteste Seeungeheuer der Welt

Wenn es um Sagen und Legenden und mysteriöse Ungeheuer geht, dann kommt man an Loch Ness nicht vorbei. Kein Seeungeheuer ist berühmter als »Nessie«. Schon im Jahr 565 soll ein irischer Mönch namens St. Columba eine Begegnung mit dem Monster im See gehabt haben. Bis heute behaupten Menschen, Nessie im See gesehen zu haben. Auch wenn die Beschreibungen oft deutlich auseinander gehen, in einem Detail ähneln sie sich alle: Die bis zu 20 Meter große Seekreatur soll mit ihrem langen Hals aus dem Wasser auftauchen. Selbst Wissenschaftler haben sich mit dem Phänomen beschäftigt. Sonar-Untersuchungen und Tauchexpeditionen konnten bisher aber keine Beweise für die Existenz von Nessie liefern. Doch von solch unwichtigen Details lassen sich die Gläubigen und Schaulustigen nicht irritieren. Manche glauben, das Monster von Loch Ness sei ein Plesiosaurus, also ein Exemplar eines eigentlich längst ausgestorbenen Dinosauriers. Andere denken, dass Menschen lediglich schwimmende Hirsche, große Störe oder ungewöhnliche Wellenformationen fehlinterpretieren. Eine andere Theorie ist, dass durch vulkanische Aktivität an einer Stelle des Sees Wasser emporsprudelt und mit viel Fantasie für Sinnestäuschung sorgt. Wahrscheinlich ist es eine Mischung aus allem, was den Mythos Nessie über Jahrhunderte geformt hat. Schottland hat Nessie jedenfalls zu einem florierenden Tourismus verholfen. Jährlich besuchen massenhaft Touristen den See, um sich nach Hinweisen auf das Ungeheuer auf die Suche zu machen.

TIPPS & INFOS

ANREISE: Der Loch Ness liegt in der Nähe der Stadt Inverness im schottischen Hochland. Der Inverness Airport ist elf Kilometer vom Stadtzentrum und 34 Kilometer von Loch Ness entfernt. Auch Züge fahren nach Inverness, zum Beispiel von London aus.

AKTIV: Wie wäre es mit einer Nessie-Bootstour? Touren führen über Inverness, Fort Augustus und Drumnadrochit. Zwischenstopps lohnen sich! Und wer weiß, vielleicht zeigt sich Nessie sogar aus der Nähe?

INFO: visitscotland.com

Verfallene kommunistische Dekadenz: das beeindruckende Haludovo Palace Hotel

63 HALUDOVO PALACE HOTEL

Die Dekadenz des Kommunismus

In den 1960er-Jahren wurde Tito zum Präsidenten auf Lebenszeit berufen, das Land befand sich mitten im Kalten Krieg, die wirtschaftlichen Probleme spitzten sich zu. Um dem entgegenzuwirken, suchte man nach Wegen, um an Kapital zu kommen. Einer davon: der Tourismus. In diesem Rahmen kam die Idee auf, die gigantische Hotelstadt Haludovo zu bauen, um Investoren und Touristen anzulocken. Nach vier Jahren Bauzeit wurde 1971 am Rande von Malinska das Luxus-Resort eröffnet. Das Herz war das Fünf-Sterne-Hotel, daneben gab es ein einfacheres Hotel und ein komplett nachgebautes Küstendorf mit Hafen, Restaurants, Badestrand, Sportplätzen, Saunen und Schwimmbädern. Ein Jahr nach der Eröffnung gelang es, den amerikanischen Unternehmer und Lebemann Bob Guccione, seines Zeichens Gründer des Männermagazins »Penthouse«, ins Boot zu holen. Er machte das Haludovo zum exklusiven Reiseziel für die Reichen und Schönen. Doch er hatte sich übernommen: Ein weiteres Jahr später war das Projekt bankrott. Mit dem Zusammenbruch des Kommunismus Ende der 80er-Jahre und dem beginnenden Krieg war hier an Urlaub nicht zu denken. Die Hotelanlage wurde zur Notunterkunft. Verschiedene Versuche, nach dem Krieg den Hotelbetrieb wieder aufzunehmen, scheiterten, und so steht das ehemals dekadente Hotel eines kommunistischen Landes heute als Lost-Place-Abenteuerspielplatz da.

TIPPS & INFOS

WISSENSWERT: Wer die Hotelanlage besuchen will, sollte äußerste Vorsicht walten lassen. Scherben und baufällige Bereiche bergen eine große Verletzungsgefahr. Das Betreten-verboten-Schild wird zwar von vielen Besuchern ignoriert, doch um die Gigantonomie des ehemaligen Palasthotels zu begreifen, muss man nicht ins Innere. Wer einen Eindruck erhaschen will, kann auf der Webseite des Haludovo Palace Hotel sicher durch das Hotel wandeln.
ANREISE: Vom Zentrum von Malinska kann man in einer viertel Stunde zum verlassenen Hotelkomplex laufen. Malinska liegt auf der kroatischen Insel Krk, die man einfach über eine Autobrücke oder mit der Fähre erreicht. Die Insel hat auch einen Airport mit Flugverbindungen nach Zagreb.
INFO: haludovo-palace-hotel.ch

64 DER STRAND VON NAVAGIO

Ein Schmugglerschiff als Postkartenmotiv

Für einen Traumstrand nehme man türkisfarbenes Wasser, weißen Sand, hohe Klippen – und ein Schiffswrack. Wer damit jetzt nicht gerechnet hat, der war noch nicht am Navagio-Strand auf der griechischen Insel Zakynthos. Der Strand gilt als einer der schönsten des Landes oder gar Europas – davor liegt das gestrandete Wrack des Schmugglerschiffs »Panagiotis«. Seitdem das Schiff in den 1980er-Jahren strandete, rostet es vor sich hin und dient für die Besucher als imposanter Fotohintergrund und eines der vielleicht kuriosesten Postkartenmotive. Das Schiff war vollbeladen mit Tabak und Alkohol. Als es von einer Küstenpatrouille entdeckt wurde, geriet die Mannschaft in Panik, setzte das Schiff in Brand und lief auf Grund. Was das Ganze noch gruseliger macht, ist die Gefahr, der Besucher heute ganz real ausgesetzt sind: Durch Erosion ist die gesamte Bucht massiv von Erdrutschen bedroht. Nachdem es in der Vergangenheit zu Unfällen gekommen ist, wurde der Strand für Besucher geschlossen. Zu groß ist das Risiko durch herabfallende Steinbrocken. Mit dem Boot kommt man weiterhin ganz nah dran und kann das Wrack vom Wasser aus bewundern. In Anbetracht der Beliebtheit des Schiffswrack-Strandes ist die Sperrung gar nicht so schlecht. Bisher war eine Wartezeit von mehreren Stunden für ein Foto vor dem Schiff an der Tagesordnung, und das klingt so gar nicht nach Idylle.

TIPPS & INFOS

SEHENSWERT: Wer mit dem Boot in die Bucht will, kann Touren von allen Küstenorten aus buchen. Vergleichen lohnt sich, denn Entfernung, Preis und inkludierte Leistungen unterscheiden sich deutlich.

AUSSICHT: Um das Wrack zu sehen, muss man nicht an den Strand. Von einem Aussichtspunkt oberhalb der Bucht, dem Navagio View Point, kann man einen Blick auf das Schiff werfen. Doch aufgepasst: In der Hochsaison bilden sich auch hier Schlangen. Früh kommen lohnt sich! Vom Parkplatz geht es ein paar Meter zu Fuß zur Aussichtsplattform. Da es an der Steilküste immer wieder zu Unfällen kam, wurde das Gelände abgesperrt und wird von Aufsichtspersonal kontrolliert.

INFO: getyourguide.de/navagio-l88237

Gleich doppelt schaurig: Ein altes Schmugglerschiff liegt am Traumstrand mit Erdrutschgefahr …

Der sogenannte Christus der Abgründe ist einen spannenden Tauchgang wert.

65 CHRISTUS DER ABGRÜNDE

Ein Tauchgang zu Jesus

Die Abtei von San Fruttuoso in Camogli in einer abgelegenen Bucht an der ligurischen Riviera ist mit ihrer Kunst und Geschichte ein beliebtes Ausflugsziel. Der Strand gilt dank der Lage als einer der schönsten des Landes. Direkt vor der Küste der Abtei befindet sich aber eine ziemlich einzigartige Sehenswürdigkeit, die nicht für jeden zugänglich ist.

Man mag seinen Augen kaum trauen, denn gut 15 Meter unter Wasser steht Christus mit erhobenen Armen. Doch für den Anblick muss man erst einmal in die Tiefe. Der sogenannte »Christus der Abgründe« wurde 1954 in der Bucht von San Fruttuoso aufgestellt. Der Ursprung der Statue geht auf den Tod von Dario Gonzatti im Jahre 1950 zurück. Gonzatti, ein Pionier unter den Tauchern, kam bei einem Unfall unter Wasser ums Leben. In seinem Gedenken wurde die Bronzestatue errichtet, die auch allen anderen gewidmet ist, die unter See starben. Um sich die Statue anzusehen, muss man zwar in den Neoprenanzug, doch der Tauchgang an sich ist sehr einfach. Lokale Tauchschulen in Portofino stehen für die Ausflüge bereit. Und wer nicht tauchen kann oder möchte? Bei gutem Wetter kann man den »Christus der Abgründe« sogar von der Wasseroberfläche aus erspähen, denn das Wasser ist so klar, dass man problemlos vom Boot oder Stand-up-Board bis auf den Grund sieht. Und falls das Wetter nicht mitspielt? Dann gibt es ein kleines Trostpflaster: Im Museum der Abtei wird eine Kopie der Statur aufbewahrt.

TIPPS & INFOS

ANREISE: Das Benediktinerkloster in der Bucht von San Fruttuoso ist nur über den Seeweg oder zu Fuß über einen Wanderweg zu erreichen. Von Portofino geht es über elf Kilometer an der Küste entlang zur Bucht. Zurück nimmt man am besten das Boot.

WISSENSWERT: Die Instandhaltung und Pflege der Bronzeskulptur ist Ehrensache. Einmal im Jahr kommt eine Einheit der Polizei, um die Statue von Algen und Schmutz zu befreien.

INFO: italien.de/poi/san-fruttuoso

Die Wassermassen des größten von Menschen geschaffenen Wasserfalls rauschen dröhnend hinab.

66 CASCATA DELLE MARMORE

Verbotene Liebe

Die Nymphe Nera soll sich einst in den Hirten Velino verliebt haben. Da eine Liebe zwischen göttlichen Wesen und Menschen nicht geduldet wurde, verwandelte man die Nymphe zur Strafe in einen Fluss. Der junge Hirte sah, wie seine Geliebte verschwand, und fürchtete, sie werde ertrinken. Ohne zu überlegen, sprang er in die Fluten, um sie zu retten. Jupiter sah den selbstlosen Akt der Liebe und verwandelte den Hirten ebenfalls, damit das Paar in Ewigkeit vereint sein konnte. Ganz so romantisch ist die Entstehung des Wasserfalls Marmore in der Realität wohl nicht, aber eine Sache stimmt: Der Wasserfall bei Terni in Umbrien entstand nicht auf natürlich Weise. Im Jahr 271 v. Chr., also in römischer Zeit, baute man einen Kanal, um die stagnierenden Gewässer des Velino-Flusses abzulassen. Es kam in der Region regelmäßig zu Überschwemmungen, weshalb man das Wasser in den rund 200 Meter tiefer gelegenen Fluss Nera umleiten ließ. In der Industriellen Revolution machte man den Wasserfall für die Energieerzeugung in Wasserkraftwerken nutzbar – und das ist bis heute der Fall. Daher lässt sich der Wasserfall auch nur während bestimmter Zeiten bestaunen. Wenn die Schleusen geöffnet sind, donnert das Wasser in die Tiefe, die Lautstärke ist ohrenbetäubend, und riesige Dampfwolken strömen in die Höhe. Mit seinen 165 Metern ist die Cascata delle Marmore, die von den Römern wortwörtlich in die Wege geleitet wurde, eine der höchsten Kaskaden Italiens und der höchste von Menschen geschaffen Wasserfall der Welt.

TIPPS & INFOS

AKTIV: Unterhalb des Wasserfalls ist bei Terni das italienische Eldorado des Raftings. Schon vor Jahrhunderten stürzte man sich in die Fluten, und bereits Lord Byron betitelte 1817 das Wasserspektakel als »furchtbar schön«. Während das Rafting bei geöffneten Schleusen stattfindet, geht es bei geschlossenen auf Flusswanderungen.

WISSENSWERT: Ausgangspunkt für das Rafting-Abenteuer ist die verlassene Metallfabrik, ein Relikt aus der Zeit, als Terni als Stahlstadt Italiens von großer Bedeutung war.

INFO: cascatadellemarmore.info
raftingmarmore.com

Nicht der Geist der langobardischen Königin Theudelinde, dennoch ein wenig unheimlich.

67 COMER SEE

Von Geistern, Seeungeheuern und verharrenden Feuern

Wer per Schiff auf dem Comer See nach Varenna schippert und den Blick zum Castello di Vezio wirft, sieht nicht nur die imposante Burganlage, sondern auch mysteriöse weiße Figuren. Es sind Geister. Sie sitzen in Umhänge gehüllt auf der Mauer, auf Bänken und Geländern. Mal schauen sie in die Ferne, mal liegen sie entspannt wie zum Nickerchen. Man kann sich nicht recht entscheiden, ob man die Gespenster gruselig oder doch sympathisch finden soll. Es wird erzählt, dass der Geist der langobardischen Königin Theudelinde hier spuken und diese Legende die Schöpfer der Gespenster inspiriert haben soll. Das Castello di Vezio ist fast tausend Jahre alt. Hoch über dem Dorf Varenna war es mal Verteidigungsanlage, mal Wohnsitz, mal Gefängnis. Heute sind die Ruinen noch immer im Privatbesitz, aber in den Sommermonaten für Besucher geöffnet. Und die Gespenster sind nicht die einzigen rätselhaften Wesen am Comer See. In der Grotte di Bulberi soll immer wieder ein Seeungeheuer zu sehen sein. Die Legende bekam eine neue Wendung, als man 1830 bei Perledo die Überreste eines Lariosaurus, eines Dinosauriers aus dem Mittleren Trias, fand. Im Turm des Castello di Vezio gibt es eine Ausstellung rund um das Seeungeheuer des Lago di Como und den Fund des Lariosaurus.

TIPPS & INFOS

WISSENSWERT: In der Burg kann man auf Türme steigen, die Aussicht genießen, die teilweise erhaltenen Kerker erkunden und durch ein kleines Museum streifen. Im Turm informiert eine Dauerausstellung über den Lariosaurus. Die Falknerei präsentiert regelmäßig Greifvogelshows.

SEHENSWERT: Die Isola Comacina im Comer See wurde von den Römern bewohnt, von den Langobarden erobert und im zwölften Jahrhundert verwüstet. Bei einem Besuch können die Ruinen, etwa von der Basilika St. Euphemia aus dem elften Jahrhundert, erkundet werden. Einmal im Jahr findet die Notte dei Fuochi, die Nacht der Feuer, statt. Sie stellt das Feuer nach, das die Insel einst zerstörte.

INFO: castellodivezio.it

Blick auf die verlassene Insel Poveglia mit der ehemaligen psychiatrischen Klinik.

»SCHON VON WEITEM RAGT DER WEIßE TURM DER FRIEDHOFSKAPELLE ÜBER DIE MAUER, DIE DIE INSEL UMSPANNT.«

68 DIE LAGUNE VON VENEDIG

Die Inseln des Todes

Fast lautlos gleitet die Gondel durch das Wasser. In ihrer Mitte befindet sich ein Sarg, der mit einem Strauß weißer Rosen geschmückt ist. Dahinter sitzt, den schwarzen Spitzenschleier im Gesicht, die trauernde Witwe. Eine Szene, wie man sie nur in der Lagunenstadt Venedig erleben kann.

Venedig ist der Inbegriff der morbiden Romantik: Das liegt an den prachtvollen Palazzi, deren bröckelnde Fassaden vom Wasser der Kanäle gezeichnet sind, den unheilvoll anmutenden Karnevalsmasken und der ständigen Bedrohung unterzugehen.

Zur Friedhofsinsel San Michele fährt man, natürlich, mit dem Boot. Schon von Weitem ragt der weiße Turm der Friedhofskapelle über die Mauer, die die Insel umspannt. Fast so, als müsste man dafür sorgen, dass niemand von San Michele fliehen kann. Die Geschichte des Friedhofs reicht ins Jahr 1807 zurück, als beschlossen wurde, die Gräber aus der Stadt auf eine eigene Insel zu verlegen. San Michele mit seinem Kloster war der perfekte Ort für eine Toteninsel.

Ein Stückchen weiter in der Lagune liegt Poveglia. Als im 18. Jahrhundert die Pest in Europa wütete, wurde auf der Insel ein Pestkrankenhaus errichtet. Am Ende fanden Tausende Menschen hier den Tod. Später wurde die Heilstätte als psychiatrische Anstalt genutzt. Angeblich sollen hier grausame Menschenexperimente durchgeführt worden sein, der Arzt stürzte sich verzweifelt vom Turm. Die Insel gilt seitdem als verflucht. Sind es die unzähligen Seelen der Verstorbenen und Gequälten, die die Insel heimsuchen?

TIPPS & INFOS

ANREISE: Nach San Michele kommt man mit der Vaporetto-Linie 42, die weiter nach Murano fährt. Wer mehr über die Geschichte sowie die besonderen Gräber erfahren möchte, kann eine geführte Tour buchen.

WISSENSWERT: Für die Öffentlichkeit ist die Insel Poveglia gesperrt und der Zugang streng verboten. Wer wenigstens einen Blick auf die Insel erhaschen möchte, kann sich ein Boot anheuern, das an der Insel vorbeifährt. Preise vergleichen lohnt sich.

INFO: turismovenezia.it/Venezia/San-Michele-in-Isola-6190.html getyourguide.de/venedig-l35/venedig-vaporetto-und-rundgang-zur-friedhofsinsel-san-michele-t409276

Einzigartig venezianisch: ein Blick durch einen gotischen Torbogen vom Cimitero di San Michele

Ob nun Ruinen unter Wasser liegen oder gar der Donnergott hier wütete, ist ungewiss.

Gewiss ist nur, dass der Anblick des kleines Schlosses auf der Seeinsel bezaubernd ist.

69 BLEDER SEE

Von Glocken, Unterwasserschlössern und Seeungeheuern

Jedes Jahr schippern Glücksuchende auf einem traditionellen Pletna-Boot zur Insel auf dem Bleder See, gehen in die Inselkirche und läuten die Glocke. Wer sie zu Ehren der heiligen Maria läutet, dem soll ein Wunsch in Erfüllung gehen. Dem Brauch liegt eine Legende zugrunde. Der Schlossherr von Bled soll meuchelnden Räubern zum Opfer gefallen sein. Seine trauernde Witwe Polyxena ließ in seinem Gedenken eine Glocke gießen. Doch das Boot mit der Glocke sank im Bleder See. Eine andere Erzählung besagt, dass der Donnergott höchstpersönlich die Glocke ins Wasser geschleudert habe, er war vom sonntäglichen Geläut genervt.

Doch das ist nicht die einzige Sage, die man über den See erzählt. So sollen die Ruinen eines versunkenen Schlosses auf dem Grund des Sees liegen. Gemunkelt wird, dass einst ein mächtiger Herrscher im Schloss lebte. Was auch immer er sich zu Schulden kommen ließ: Ein Fluch suchte ihn heim und ließ ihn mitsamt seinem Schloss in einer stürmischen Nacht untergehen. Wer genau hinschaut, soll in den Tiefen des Wassers die Umrisse von Türmchen und Mauern erkennen können. Beim sechs Kilometer langen Rundweg hat man genügend Gelegenheiten, nach dem Unterwasserschloss Ausschau zu halten. Immerhin ist der Schlossherr nicht allein: Ein Seeungeheuer und eine Wassernixe, die nach einer Liebelei mit einem Menschen verbrannt wurde, sollen ebenfalls im See ihr Unwesen treiben.

»WER GENAU HINSCHAUT, SOLL IN DEN TIEFEN DES WASSERS DIE UMRISSE VON TÜRMCHEN UND MAUERN ERKENNEN KÖNNEN.«

TIPPS & INFOS

SEHENSWERT: Die mittelalterliche Burg am Ufer des Sees gilt mit ihrer ersten Erwähnung im Jahr 1011 als älteste Sloweniens. Ein Besuch lockt mit Museum, schönen Seeaussichten und Gastronomie. Das Strandbad Grajsko kopalisce direkt unterhalb der Burg ist der schönste Badeplatz am See.
AKTIV: Auch im Nationalpark Triglav, der ebenfalls von unzähligen Sagen und Legenden umrankt ist, wartet das eine oder andere Wandergebiet mit vielen Möglichkeiten für Outdoor-Erlebnisse.
INFO: bled.si/de

Dass es drastische Maßnahmen des Erzengels brauchte, um die Kirche zu errichten, sagt man der Église Mont Saint-Michel nach.

»ALS EINES DER SPIRITUELLEN ZENTREN EUROPAS LOCKTE DIE KLEINE INSEL SEIT DEM MITTELALTER PILGER AUS ALLER WELT AN.«

70 MONT SAINT-MICHEL

Ein Erzengel als Bauherr und der Heilige Gral

Dass die Kirche Saint-Michel errichtet wurde, war nichts weniger als der Wunsch des Erzengels Michael. Dieser gab im achten Jahrhundert an Bischof Aubert von Avranches den Auftrag, ein Gotteshaus auf der kleinen Insel mitten im Watt zu errichten. Doch dieser ließ sich so lange Zeit, dass der erzürnte Erzengel dem Bischof kurzerhand ein Loch in den Kopf brannte. Ziemlich rabiat, aber wirkungsvoll. Kurz drauf stand die gotische Kathedrale. Wer einen Beweis braucht: Der Schädel inklusive Loch lässt sich heute im nahegelegenen Avranches bestaunen. In die 709 errichtete Kirche brachte man die Reliquien des Heiligen Michael aus Monte Sant'Angelo, und so wurde aus dem Mont Tombe der Mont Saint-Michel. Im zehnten Jahrhundert wurden die Nachfolger des Bischofs Aubert, die Glaubensgemeinschaft der Chorherren, vertrieben und Mont Saint-Michel an die Benediktiner übergeben, die hier ein Kloster errichteten, das immer wieder umgebaut und erweitert wurde. Als eines der spirituellen Zentren Europas lockt die kleine Insel seit dem Mittelalter Pilger aus aller Welt an. Natürlich ranken sich auch einige Legenden um diesen besonderen Ort. Die bekannteste besagt, dass hinter den dicken Mauern der sagenumwobene Heilige Gral versteckt sein soll. Wikinger, fränkische Könige und englische Truppen zeigten Interesse an der strategischen Lage des Inselbergs. Während der Französischen Revolution musste die Insel als Foltergefängnis herhalten. Erst in den 1960er-Jahren kamen wieder Mönche. Wegen der vielen Besucher herrscht hier zwar keine Ruhe, friedlich geht es dennoch zu.

TIPPS & INFOS

AKTIV: Über einen Steg kommt man unabhängig der Gezeiten auf die Insel. Wer will, wandert bei Ebbe über das Watt zum Mont Saint-Michel, doch Vorsicht: Die Flut setzt oft unvermittelt wieder ein, und so sprachen schon die ersten Mönche vom »Kloster in den Gefahren des Meeres«. Ein Guide ist also eine gute Idee! Deutschsprachige Führungen bietet zum Beispiel François an.

SEHENSWERT: In Avranches gibt es mehr als den Schädel des Abtes in der Kirche Saint-Gervais-et-Saint-Protais zu sehen. So beispielsweise die Kathedrale Notre-Dame-des-Champs. Das Scriptorial ist ein Museum, das sich der mittelalterlichen Buchkunst und insbesondere den Schriften des Mont Saint-Michel widmet. Der historische Ort mit einer malerischen Altstadt bietet zudem eine atemberaubende Aussicht auf die Bucht des Mont Saint-Michel.

INFO: normandie-tourisme.fr; traversee-montsaintmichel.com

Aus dem Nebel empor ragt die Kirche Mont Saint-Michel. Erreichbar ist die kleine Insel über eine Brücke.

Einmal hier gelandet, kamen Leprakranke in der Vergangenheit nicht mehr von der Insel fort.

Heute muss kein Patient mehr auf der Insel leben.

71 SPINALONGA

Eine Insel (fast) ohne Wiederkehr

Quarantäne – seit der Coronapandemie wissen wir leider nur zu gut, was das bedeutet. Auf der kleinen Insel Spinalonga dauerte die Quarantäne aber lebenslang. Bereits in der Antike soll das Eiland besiedelt gewesen sein. Ab dem 16. Jahrhundert errichteten die Venezianer eine mächtige Festung. Im 18. Jahrhundert übernahmen die Osmanen. Diente Spinalonga zunächst als Verteidigungsanlage, bekam sie Ende des 19. Jahrhunderts eine ganz andere Funktion. Als sich die Infektionskrankheit Lepra in ganz Europa ausbreitete, beschloss die Regierung Kretas, auf dem Inselchen, dessen Festungsanlage nicht mehr genutzt wurde, eine isolierte Leprakolonie zu errichten. Dabei ging man rigoros vor: Man trennte nicht nur Familien, sondern auch Kinder von ihren Eltern.

Zwischen den dicken Mauern begingen die Menschen notgedrungen ein neues Leben. Die Bedingungen waren hart: knappe Lebensmittelversorgung, keine medizinische Hilfe, kaum Kontakt zur Außenwelt. Erst 1930 änderten sich die Umstände, als ein erkrankter Jurastudent namens Epameinondas Remoundakis auf die Insel kam. Er sorgte dafür, dass sich die Zustände besserten. Als 1953 der Durchbruch mit wirksamen Medikamenten gelang, konnten sogar einige Bewohner Spinalonga gesund verlassen. Die Insel war die letzte Leprakolonie Europas und wurde 1957 von diesem Zweck entbunden.

Heute sind die einzigen Bewohner der verfallenen Häuser die Katzen. Auf den Spuren der Leprakranken lassen sich die alten steinernen Gebäude erkunden. Der Blick auf das Meer wirkt so entspannend, dass von den Schrecken vergangener Zeiten kaum noch etwas zu spüren ist.

»DIE BEDINGUNGEN WAREN HART: KNAPPE LEBENSMITTELVERSORGUNG, KEINE MEDIZINISCHE HILFE, KAUM KONTAKT ZUR AUßENWELT.«

TIPPS & INFOS

ANREISE: Wer sich keinem geführten Ausflug anschließen will, kommt am einfachsten von Plaka, der Altstadt Athens, mit dem Boot auf die Insel.
SEHENSWERT: »Insel der Vergessenen« von Victoria Hislop aus dem Jahr 2005 diente als Vorlage für die Filmserie »The Island«, die teuerste griechische Serie überhaupt. Es geht um eine Frau, die auf der Suche nach ihrer Vergangenheit auf der ehemaligen Leprainsel landet.
INFO: griechenland.de/spinalonga

72 CASA WINTER IN COFETE

Nazi-Zuflucht auf Fuerteventura

Die kleine Ortschaft Cofete auf der Halbinsel Jandía liegt gefühlt am Ende der Welt. Die Straßen sind in schlechtem Zustand und ohne Allrad kaum zu bewältigen. Was dennoch immer wieder Neugierige an diesen Ort fernab der Zivilisation lockt, ist eine mysteriöse Villa.

In der kargen sandfarbenen Landschaft sticht die weiße Casa Winter, deutlich hervor. Das majestätische Herrenhaus am Berghang wurde in den 1930er-Jahren vom deutschen Ingenieur Gustav Winter erbaut, der in den obersten Kreisen der NSDAP verkehrte. Doch wieso baute Winter hier eine Villa mit zwei Meter dicken Wänden? Und was soll der massive Turm? Diente er als Leuchtturm für U-Boote? Und gibt es wirklich tunnelartige Keller? Nur ein paar Kilometer entfernt baute der Deutsche eine Landebahn. Wofür brauchte er all das? Für viele ist klar: Die Villa Winter war ein geheimer Stützpunkt der Nationalsozialisten.

In Nacht-und-Nebel-Aktionen sollen Kriegsflüchtlinge aus Deutschland mit dem U-Boot oder Flugzeug hergebracht worden sein, um hier auf die Weiterreise nach Südamerika vorbereitet zu werden. In Operationssälen der unterkellerten Villa soll man sogar die Gesichter der Kriegsverbrecher unkenntlich gemacht haben. Bis heute hält sich das Gerücht, die Villa sei auch der Zufluchtsort von Adolf Hitler selbst sowie seiner Frau Eva Braun gewesen. Gustav Winter blieb nach dem Zweiten Weltkrieg unbehelligt. Er verbachte die Zeit bis zu seinem Tod im Jahr 1971 auf der Nachbarinsel Gran Canaria.

TIPPS & INFOS

WISSENSWERT: Die Villa Winter steht unbeirrt am Strand von Cofete, doch der Zahn der Zeit nagt deutlich am Gemäuer. Ein etwas zwielichtiger Wächter lässt Neugierige gegen einen Obolus hinein. Der Schriftsteller Alberto Vázquez-Figueroa schürte mit seinem Roman »Fuerteventura« die Legende über die Nazi-Spionage und den U-Boot-Hafen.

ANREISE: Von Puerto del Rosario fahren Busse nach Morro Jable. Weiter geht es mit dem Allrad-Minibus nach Cofete. Wer mit dem eigenen Auto kommt, sollte beachten, dass man für die Straße besser einen Allradwagen nimmt.

INFO: casawintercofete.com/de

Vorsicht giftig! Baden sollte man im Río Tinto lieber nicht.

73 RÍO TINTO

Ein blutroter Fluss

Puh, die rot-orange Farbe des Wassers lässt einen schaudern. Blut, giftige Chemikalien? Gesund sieht das Wasser des Río Tinto auf jeden Fall nicht aus. Auf rund 100 Kilometern bahnt sich der Rote Fluss von seiner Quelle in der Sierra Morena seinen Weg bis in den Golf von Cádiz. Eine der Legenden besagt, dass das rote Wasser vom Blut kommt, das bei epischen Schlachten vergossen wurde. Eine andere Legende erzählt von den sogenannten »Tintoreros«, mystischen Kreaturen, die im Fluss leben und in der Lage sind, Menschen in den Abgrund zu ziehen. Die wissenschaftliche Erklärung liegt im Bergbau. Bereits in der Antike wurde hier Erz abgebaut. Die römischen Eroberer schätzten den Reichtum des Flusses und nutzten seine Ressourcen intensiv. Später wurde der Bergbau während der Kolonialisierung durch die britische Rio Tinto Company weiter vorangetrieben. Durch die jahrhundertelange Bergbauaktivität und die Schwermetallindustrie haben sich Mineralien und Metalle freigesetzt, die letztlich für eine hohe Konzentration an Eisen und Sulfat im Wasser und somit für die Färbung sorgen. Eine ziemlich ungesunde Angelegenheit.

Im Laufe der Zeit hat der Río Tinto eine surreale Landschaft geschaffen, die an die Marsoberfläche erinnert. Und tatsächlich: Astrobiologen sehen im Fluss aufgrund der einzigartigen Eigenschaften, etwa des hohen Säuregehalts und des Mangels an Sauerstoff, Parallelen zum Mars. Hier erforschen sie die Umweltbedingungen für mögliches Leben auf dem roten Planeten.

TIPPS & INFOS

ANREISE: Der 100 Kilometer lange Fluss entspringt nördlich der Provinz Huelva in Andalusien und mündet nahe der Provinzhauptstadt Huelva in den Atlantischen Ozean.
WISSENSWERT: Das Städtchen Minas de Riotinto liegt inmitten des Bergbaugebiets. Das Bergwerksmuseum informiert über die Geschichte. Hier kann man auch eine Rundfahrt mit dem alten Minenzug durch die Bergbauregion buchen.
INFO: andalucia.org/de/minas-de-riotinto

Hinein in die atemberaubende Höhle kommt man per Seilbahn oder auf einer Wanderung.

74 EISRIESENWELT WERFEN

Einer Reise in die Welt des Eises

Vor etwa 100 Millionen Jahren entstanden die ersten Spalten und Risse. Heute erstreckt sich das aus Eis geformte Höhlenlabyrinth über 40 Kilometer in den österreichischen Alpen. Weltweit gibt es nur eine Handvoll Eishöhlen, die für Besucher zugänglich sind. Die Eisriesenwelt Werfen südlich von Salzburg ist eine der eindrucksvollsten. Mit der Seilbahn geht es von Werfen zur Bergstation auf 1586 Metern und von dort weiter in die Welt des Eises. Als Erstes spürt man die kühle Luft im Gesicht. Hier im Inneren der Höhle bleibt die Temperatur konstant bei null Grad. Die Akustik unter der Erde ist befremdlich, sie erscheint gleichzeitig dumpf und glockenklar. Die diffusen Lichtverhältnisse hüllen die gefrorenen Skulpturen in gespenstisches Licht. Mit der Karbidlampe bewegt man sich durch enge Gänge, während das Licht magisch durch das Eis schimmert. Stalaktiten reichen von der Decke fast bis zum Boden, still daliegende Eismeere und zu Eis erstarrte Wasserfälle formen eine unwirkliche Welt unter Tage. Beim Erkunden schleicht sich der Gedanke in den Kopf, dass diese geheimnisvolle Zauberwelt vielleicht gar nicht für menschliche Augen bestimmt war. Entdeckt wurde die Höhle offiziell im Jahr 1879 von dem Salzburger Naturforscher Anton von Posselt-Czorich. Es dauerte aber noch einige Jahre, bis sie für Besucher geöffnet wurde. (Selbst der berühmte Forscher und Tierfilmer Sir David Attenborough nannte die Eisriesenwelt eines der großen Naturwunder der Welt.) Mitten in der Höhle thront übrigens die Urne des im Ersten Weltkrieg gefallenen Forschers Alexander von Mörk. Dies war sein letzter Wille.

TIPPS & INFOS

ANREISE: Ausgehend von der Ortschaft Werfen führt eine fünf Kilometer lange Zufahrt zu den Besucherparkplätzen. Auch ein Bustransport aus Werfen zum Besucherzentrum steht mehrmals am Tag zur Verfügung.

AKTIV: Wie wäre es mit einer Wanderung? Von Werfen oder Tenneck geht es auf beschilderten Wanderwegen in etwa eineinhalb bis zwei Stunden vom Tal bis zur Seilbahn. Die Seilbahnstrecke führt über einen ausgesetzten Bergsteig und kommt nur für geübte Alpinwanderer infrage. Schwindelfreiheit und gute Ausrüstung sind ein Muss!

INFO: eisriesenwelt.at

Der Nationalpark lockt mit seinen Wasserfällen.

75 KRKA-NATIONALPARK

Eine wilde Flusslandschaft im Herzen Dalmatiens

Die Kraft der Krka lockte die Menschen schon früh an ihre Ufer. Man nutzte die Wasserkraft für Mühlen, um Getreide zu mahlen und Stoffe zu walken. Später versorgte das Wasserkraftwerk die Industrie. Heute lockt der Krka-Nationalpark vor allem aber wegen seiner Wasserfälle, malerischen Flussläufen und grünen Wälder. Der Wasserfall Skradinski Buk gilt als einer der schönsten Wasserfälle Europas. Dem Volksglauben nach erschuf der mächtige Flussgott Jaruga die Flusslandschaft mit den tosenden Bächen aus Wut und Frustration. Er hatte sich in die Nymphe Krka verliebt, doch diese wehrte die Annäherungsversuche vehement ab. In den Gewässern soll zudem ein wankelmütiger Wassergeist namens Vodanoj leben. Gutmütiger ist der Drache, der die Menschen seit Jahrhunderten vor Überschwemmungen warnen soll. Bei Besuchern noch ziemlich unbekannt ist Burnum. Auf dem Nationalparkgebiet, etwa zweieinhalb Kilometer nördlich von Kistanje gelegen, befinden sich die Ruinen eines römischen Militärlagers. In der Folklore erzählt man sich, dass es sich, wie bei vielen anderen Städten auch, um Troja handele. Die Krka war damals der Grenzfluss zwischen den mit Rom verbündeten Liberiern und den Rebellen auf der dalmatischen Seite. Burnum war so ein wichtiger Stützpunkt, in dem etwa 30 000 Menschen lebten.

TIPPS & INFOS

SEHENSWERT: Auf der Insel Visovac steht das Franziskanerkloster aus dem Jahre 1445. Hier leben zehn Mönche, die Gäste gerne am Bootsanleger willkommen heißen und stolz ihre Insel samt Gärten, Bibliothek, Gemäldegalerie und Kirche präsentieren. Die Insel war zuerst von Eremiten bewohnt, später folgten die Franziskaner. Das Kloster beherbergt eine beeindruckende Sammlung von Kunstwerken und Reliquien und hat eine lange Geschichte, die mit spirituellen Geschichten und Legenden verbunden ist.
AKTIV: Zahlreiche Stufen führen vom Flussufer direkt am Felsen entlang zur Höhle Ozidana Pećina. Oben angekommen, gibt es beim Verschnaufen den grandiosen Ausblick auf die Krka, dann geht es nach innen. In der Höhle unweit des Wasserfalls Roški Slap wurden Spuren menschlichen Lebens entdeckt. Skelette, Keramikscheiben oder Steinartefakte zeugen von Siedlungen um 6000 v. Chr.
INFO: npkrka.hr

EUROPAS UNGEHEUER

Auf den Spuren von Nessie & Co

Drachen, Seemonster, Hexen, Mischwesen aus Mensch und Tier: Europas Sagenschatz ist voller eigentümlicher Kreaturen. An manchen Orten lohnt es sich, nach ihnen Ausschau zu halten.

Nessie, Schottland

Kaum ein anderes Ungeheuer ist so bekannt wie Nessie. Das schlangenartige Seeungeheuer, das üblicherweise als Plesiosaurier beschrieben wird, soll etwa eine Länge von bis zu 20 Metern haben. Das Ungeheuer von Loch Ness wurde angeblich bereits im Jahr 565 gesichtet. Damals soll der irische Mönch Columba im River Ness auf ein Seemonster getroffen sein. Seitdem gibt es immer wieder Berichte von Sichtungen. Wissenschaftliche Untersuchungen brachten keine Beweise für die Existenz von Nessie. Mehr zum Loch Ness bei Reiseziel 62.

Minotaurus, Kreta

Der griechischen Sage nach herrschte auf Kreta der als gerecht und weise bekannte König Minos. Der Meeresgott Poseidon sandte ihm als Zeichen seiner Königswürde einen Stier, den er aber nicht wie versprochen opferte. Durch die göttliche Rache verliebte sich Minos' Gemahlin Pasiphaë in den Stier. Aus dieser Verbindung gebar sie den Minotaurus, ein Ungeheuer mit Menschengestalt und Stierkopf. Minos sperrte den gefährlichen Minotaurus in ein Labyrinth unter dem Palast von Knossos auf Kreta ein. Fortan musste er ihm alle neun Jahre sieben Jungfrauen und sieben Jünglinge zum Fraß vorwerfen. Der attische Königssohn Theseus besiegte den Minotaurus.

Golem, Prag

Der Legende nach formte Rabbi Loew den Golem aus Lehm und brachte ihn mithilfe von hebräischen Buchstaben und einem geheimen rituellen Zauber zum Leben. Der Golem sollte dazu dienen, die Jüdische Gemeinde in Prag vor antisemitischer Verfolgung zu schützen. Doch er wütete und wurde unberechenbar, sodass der Rabbi entschied, ihn zurückzuverwandeln. Bis heute soll er als lebloser Lehmhaufen in der Prager Altneu-Synagoge versteckt sein. Mehr zum Golem bei Reiseziel 37.

Baba Jaga, slawische Länder

Tief im Wald steht ein altes Haus auf Hühnerbeinen, die gruselige Hexe, die darin wohnt, das ist Baba Jaga. Die Erzählung des hühnerbeinigen Hauses stammt aus der slawischen Mythologie. Die Hexe selbst wird meist als buckelige alte Frau dargestellt, die mal gütig, mal böse ist. Einerseits gilt sie als weise, doch besonders für Kinder und Reisende ist sie gefährlich. Die frisst sie kurzerhand und schmückt ihren Zaun mit Totenköpfen.

Tatzelwurm, Alpenraum

Ein schlangenartiges, drachenähnliches Wesen: Der Tatzelwurm ist im ganzen Alpenraum bekannt. In der Schweiz erzählt man sich von einem Exemplar, das auf dem Berg Pilatus sein Unwesen getrieben haben soll. Als dieser die Höfe der Umgebung heimsuchte und das Vieh riss, fasste sich einer der Männer ein Herz und zog los, um ihn zu töten. Er schaffte es, der Kreatur das Schwert in den Leib zu rammen, doch während der Tatzelwurm tot zu Boden fiel, tropfte sein Blut auf die Hand des Mannes, und dieser brach augenblicklich leblos zusammen.

Meerjungfrau, Dänemark

Legenden von Meerjungfrauen gibt es viele, nicht erst seit dem Märchen von Hans Christian Andersen. Nicht alle der Wassernixen scheinen dabei aber so ansehnlich zu sein wie die Kleine Meerjungfrau am Langelinje-Kai von Kopenhagen. In anderen Erzählungen ist von scharfen Zähnen und rachsüchtigen Wesen die Rede. Die meisten Erzählungen von Meerjungfrauen gehen auf die Sagenfigur der Undine zurück, einen weiblichen Wassergeist, der erst von einem Bräutigam erlöst werden kann.

Ist Nessi Ungeheuer, Dinosaurier oder doch nur Fantasie?

Aus dem Liebesakt zwischen Königin und Stier entstand der Minotaurus.

Die Kleine Meerjungfrau sitzt am Kai von Kopenhagen.

Markant, atemberaubend und perfekt geformt wie eine ägyptische Pyramide steht es da: das Matterhorn.

SAGENHAFTE BERGE

Orte zwischen Himmel und Hölle

Zerklüftete Felsen, gigantische Höhen und tiefe Höhlen. Berge sind Orte, die uns Menschen gefährlich werden können. Gleichzeitig sind sie auch das Zuhause von seltsamen Kreaturen. Hier leben Trolle und Geister, Hexen und Drachen.

Von kleinen Hügeln bis zu den gigantischen Gipfeln der Alpen überraschen die Berge Europas mit ihrer Vielfalt. Durch die Unwegsamkeit und Gefahren haben sie die Menschen schon früh das Fürchten gelehrt. Es sind nicht immer die höchsten Gipfel, die die Menschen in Schrecken versetzt haben. Die Abgeschiedenheit bot auch Schutz, und so stehen viele der Burgen, die am besten zu verteidigen waren, auf hohen Felsen. Von weithin sichtbar und doch kaum zu erreichen.
Wer hoch oben auf einem Gipfel steht und den Blick ins Land schweifen lässt, spürt ein unendliches Glück, das nur wenig andere Orte vermitteln können. Man fühlt sich ganz klein und gleichzeitig eins mit der Welt. Die Sagen und Legenden der Bergwelten entstammen oft einer tiefen Gläubigkeit, die diese Gefühle verarbeiten. Die Kelten sahen auf den Gipfeln einen Ort für Götter, Christen vermuteten hier nicht selten den Teufel. Und dazwischen sind es doch immer wieder die Menschen selbst, die uns das Fürchten lehren, wie die Folterkammern in zahlreichen Burgen beweisen.

DIE TOP 5 MYTHOS-SPOTS IN DEN BERGEN

Kjeragbolten, Norwegen
Vorsicht ist geboten am vielleicht gefährlichsten Selfie-Spot Europas. Hier stürzen jedes Jahr Besucher in den Tod (fjordnorway.com/de/sehen-und-erleben/kjerag).

Stonehenge, England
Ein Ort uralter Mythen und Sammelpunkt der New-Age-Anhänger, der sich weltweiter Berühmtheit erfreut (english-heritage.org.uk).

Busludscha-Denkmal, Bulgarien
Einst das markante Zentrum des Kommunismus, wurde das Ufo-förmige Gebäude in 1441 Meter Höhe dem Verfall überlassen. Eine Besichtigung lohnt sich.

Pompeji, Italien
Wo der Vulkan eine ganze Gesellschaft auslöschte, sind heute nur noch Ruinen zu sehen. Ein Mahnmal der Natur (pompeiisites.org).

Matterhorn, Schweiz
Der sagenumwobene Berg der Legenden ist gefährlich für Bergsteiger, doch die Naturattraktion ist von atemberaubender Schönheit (zermatt.ch/matterhorn).

Leichtsinnigkeit hat an dieser Stelle schon rund 300 Menschen das Leben gekostet.

76 KJERAGBOLTEN

Der gefährlichste Foto-Spot der Welt

Das kann doch nicht halten! Zwei senkrechte Felswände, dazwischen hängt wie von Geisterhand gesichert ein Felsbrocken. Der Kjeragbolten in Südnorwegen ist zweifelsfrei spektakulär. Aber nicht die Gefahr, dass der Brocken abrutscht und in die Tiefe stürzt, ist das Problem – es ist der Leichtsinn der Besucher. Um den Kjeragbolten zu erreichen, muss man zunächst einmal den mühevollen Aufstieg bewältigen. Die Wanderung zum berühmten Felsen ist anspruchsvoll. Der Weg beginnt am Wanderparkplatz des Gasthofes Øygardstøl. Dorthin kommt man mit der Fähre oder dem Bus von Stavanger. Schon hier gibt es den ersten grandiosen Blick über den Lysefjord. Jetzt beginnt der Aufstieg, und der hat es in sich. Rund elf Kilometer geht es auf unwegsamem Gelände steil nach oben. Trittsicherheit ist hier unabdingbar. Dazwischen entlohnen jedoch immer wieder Ausblicke, die man bei den vielen Pausen, die man auf der drei- bis fünfstündigen Wanderung einlegen muss, gerne einen Moment länger genießt. Am Kjerag-Plateau angekommen, liegt er vor einem: ein fünf Kubikmeter großer Monolith aus der Eiszeit, knapp 1000 Meter über dem Lysefjord, eingeklemmt zwischen zwei Felswänden. Jetzt kommt der Moment, der für einige zum Verhängnis wurde. Denn immer wieder fordert der quasi freischwebende Brocken Mutige heraus, auf den Felsen in luftiger Höhe zu klettern. Ein Foto auf dem Kjeragbolten ist die ultimative Trophäe für Adrenalinsuchende. Das Fazit: Rund 300 Menschen sollen hier bereits in den Tod gestürzt sein.

TIPPS & INFOS

ANREISE: Die Wanderung beginnt am gebührenpflichtigen Parkplatz des Berggasthofs Øygardstøl südlich des Lysefjords an der Straße von Lysebotn nach Sirdal. Im Sommer nimmt man am besten die Autofähre nach Lysebotn und fährt dann mit dem eigenen Fahrzeug oder einem Taxi zum Berggasthof Øygardstøl, wo die Wanderung beginnt. In der Hochsaison gibt es Bustouren von Stavanger nach Øygardstøl.

SEHENSWERT: Weniger gefährlich, aber nicht weniger spektakulär ist der Preikestolen. Die Felskanzel liegt ebenfalls über dem Lysefjord und ist nach einer leichteren zweistündigen Wanderung zu erreichen.

INFO: fjordnorway.com/de/sehen-und-erleben/kjerag

Dass sich Legenden um das dunkle Lavagestein im Norden Islands ranken, ist nicht verwunderlich.

77 DIMMUBORGIR

Die Festung der Grýla

Ganz abgelegen im Norden Islands findet sich ein Ort von magischer Schönheit. Dimmuborgir. Wer jetzt an eine Metalband denkt, liegt nicht ganz falsch, denn die norwegische Symphonic-Black-Metal-Band Dimmu Borgir hat sich nach dem bizarren Naturphänomen in Island benannt. Übersetzt bedeutet der Name so viel wie »dunkle Festung« oder »dunkle Burgen«. Gebildet hat sich das Areal aus tiefschwarzem Lavagestein, als vor mehr als 2000 Jahren hier ein Vulkan ausbrach. Die Lavaströme härteten aus und formten über Jahrtausende schroffe Berge aus Lavasäulen. Die Landschaft, die daraus entstand, wirkte so unheilvoll, dass die Menschen vermuteten, irgendwo in der dunklen Festung müsse ein Tor in die Unterwelt zu finden sein. Selbst eine Weihnachtslegende wird hier zur Schreckgeschichte. Dimmuborgir gilt auch als Heimat von Grýla, eine halb Troll- und halb Oger-Frau, deren Lieblingsbeschäftigung es ist, Menschen zu töten. Sie hat 13 Kinder, die sogenannten Jólasveinar oder Weihnachtsgesellen. Die boshaften Gesellen dringen in den 13 Nächten vor dem Heiligen Abend in die Häuser der Menschen ein, um dort für Chaos und Schrecken zu sorgen. Kinder stellen ihre Schuhe auf die Fensterbretter und hoffen auf Geschenke. Doch wer unartig war, bekommt statt eines Geschenks nur eine vergammelte Kartoffel. Und mehr noch: Wenn die Trolle in Stimmung sind, nehmen sie die Kinder mit zu ihrer Mutter Grýla und lassen sich aus ihnen Abendessen zubereiten. Die Schreckgeschichte machte den Kindern derartig Angst, dass im 18. Jahrhundert die Regierung das Erzählen der Legende verboten hat.

TIPPS & INFOS

ANREISE: Dimmuborgir liegt weit im Norden. Von Akureyri, der Hauptstadt des Nordens, fährt man noch eine gute Stunde. Da das Gestein in dem Gebiet von Natur aus porös ist, darf man den Ort nur auf ausgeschilderten Wegen betreten. Die Wanderwege variieren zwischen zehn Minuten und drei Stunden: Es ist also für jeden etwas dabei.

ÜBERNACHTEN: Das Dimmuborgir Guesthouse liegt ganz in der Nähe am Mývatn-See. In den süßen Hütten fühlt man sich wie mitten in der Natur. Besonders magisch wird es in den Winternächten, die von den Polarlichtern erhellt werden.

INFO: just-iceland.com/de/island-vulkane-dimmuborgir
dimmuborgir.is

Ob nun Elfen warnen oder die Wissenschaft: Ein Ausbruch des Heklas ist überfällig.

78 VULKAN HEKLA

Was verbirgt sich im Inneren des Vulkans?

Es zischt und dampft, brodelt und blubbert. Der beißende Geruch von Schwefel zieht in die Nase. Island gehört zu den vulkanisch aktivsten Orten der Welt. Klar, dass sich Menschen ohne wissenschaftliche Kenntnisse in der Vergangenheit so ihre Gedanken über all diese Phänomene machten. Der Vulkan Hekla gehört zu den gefährlichsten der Insel. Seit der Besiedlung Islands durch die Wikinger hat Hekla schon über zwanzig Mal Feuer gespuckt. Bei den Ausbrüchen wurde Vulkangestein kilometerweit in die Landschaft geschleudert, giftige Gase verbreiteten sich, und ganze Landstriche wurden zerstört, die wiederum Hungersnöte verursachten. Daher ist für viele Isländer klar: Hier befindet sich das Tor zur Hölle. Es gibt auch Geschichten über einen verborgenen Schatz, der sich im Vulkaninneren befinden soll und von einem Drachen bewacht wird. Andere glauben, dass die böse Hexe Katla von den Göttern hierher verbannt wurde. Man sagt, sie sei in den dunklen Höhlen des Vulkans gefangen und übe von dort ihre bösen Kräfte aus. Seit der Erstbesteigung des Vulkans im Jahr 1750 wurden aber weder Hinweise auf das Tor zur Hölle noch auf einen Schatz, einen Drachen oder eine Hexe gefunden. Doch das hindert die Menschen nicht daran zu glauben, dass es rings um den Hekla-Vulkan nicht immer mit rechten Dingen zugeht. Einige behaupten, dass in der Nacht vor einem Ausbruch Trolle tanzen und dass die Hekla-Elfen die Menschen warnen. Wenn der Vulkan dann tatsächlich ausbricht, sollen geisterhafte Reiter vor dem glühenden Magmastrom herrasen.

TIPPS & INFOS

WISSENSWERT: Der Vulkan ist am Rumoren, ein Ausbruch längst überfällig. Von Wanderungen wird in dieser Situation abgeraten. Einen herrlichen Blick auf den Vulkan hat man aus sicherer Entfernung auf der Hochlandpiste zum berühmten Geothermalgebiet Landmannalaugar. Zwischen leuchtend bunten Bergen, schwarzem Lavagestein und weißen Schneefeldern gibt es hier eine heiße Quelle, in der man sogar baden kann.

SEHENSWERT: Mehr zum Thema Vulkan gibt es im Vulkan Center mit Ausstellungen und interaktiven Elementen. Absolut sehenswert!

INFO: lavacentre.is

Irische Sagen ranken sich um diesen besonderen Hügel.

79 TARA HILL

Sitz der Hochkönige

Tara Hill war der Sitz der Hochkönige und das wichtigste Zentrum politischer und religiöser Macht in Irland. Nicht etwa die Abstammung spielte bei der Krönung der Ehrenkönige die Hauptrolle, sondern ein Schicksalsstein namens »Lia Fáil«. Der irischen Sage nach sollen die alten keltischen Götter einst den Stein auf den Hügel von Tara gebracht haben. Wenn der rechtmäßige König von Tara den Stein berührte, sollte dieser einen markerschütternden Ton ausstoßen. Damals glaubten die Menschen, dass sich auf dem Hügel ein Tor zum Jenseits befinde. Die Wahl zum Hochkönig war auch eine Vermählung mit der Göttin Medb, die wiederum selbst aus dem Jenseits stammte. So war der Hügel von Tara der einzig standesgemäße Ort für die Hochkönige. 142 Könige sollen so ihren Weg auf den Thron gefunden haben. Ihre Geister sollen auch heute auf dem Hügel umherwandern. Sie erscheinen dort als Geisterkönige und bewachen ihr mächtiges Erbe.

Das älteste Denkmal auf dem Hill of Tara ist der »Hügel der Geiseln«. Dieses neolithische Durchgangsgrab wurde von seinen Erbauern als Tor zum Jenseits betrachtet. Wie viele andere Durchgangsgräber aus dem Jahr 3500 v. Chr. ist es so ausgerichtet, dass zweimal im Jahr während der Sonnenwende das Licht in den Gang scheint und den Innenraum mit Sonnenlicht erfüllt. Während der Ausgrabungen in den 50er-Jahren wurden auf dem Hügel mehr als 200 zertrümmerte Gräber entdeckt.

TIPPS & INFOS

WISSENSWERT: Der Hill of Tara soll auch die Stätte der berüchtigten Bundeslade sein. Im Jahr 1899 war eine Gruppe britischer Israelis sogar so überzeugt davon, sie unter dem Hügel zu finden, dass sie loszog, um sie zu suchen. Natürlich ohne Erfolg. – stattdessen gab es Proteste gegen die Grabung an dieser heiligen Stätte. Auch Banshee soll auf dem Hügel herumgeistern. Die düstere weibliche Gestalt hört man immer dann weinen, wenn der Tod nahe ist.

ANREISE: Die UNESCO-WeltkulturerbestätteT ara Hill befindet sich etwa 40 Kilometer nordwestlich von Dublin. Auf der M3 geht es über Navan direkt zum Hügel.

INFO: ireland.com/de-de/things-to-do/attractions/hill-of-tara

Nein, hier ist kein Ufo gelandet, sondern der Sozialismus schuf sich ein Denkmal.

Ein mächtiger Lost Place in Bulgarien: Bei einer Tagesführung erfahren Besucher einiges über vergangene Zeiten.

80 BUSLUDSCHA-DENKMAL

Das Ufo auf dem Dimitar-Gipfel

Schon von Weitem sieht man auf dem Gipfel des Chadschi Dimitar ein eigenartiges Objekt. Ist hier etwa ein Ufo gelandet? Das kreisrunde Busludscha-Denkmal in Bulgarien ist auf jeden Fall ein Bauwerk, das für Aufsehen sorgt. An dieser Stelle hatte einst der Rebellenführer Chadschi Dimitar gegen die Besatzung durch das türkisch-osmanische Reich gekämpft, später hat sich hier die Bulgarische Sozialdemokratische Arbeiterpartei gegründet, aus der dann die Kommunistische Partei Bulgariens hervorging.
1981 wurde das Denkmal anlässlich der Staatsgründung von Bulgarien feierlich eingeweiht und als Kongresszentrum genutzt. Mit einer Kuppelhalle von 60 Metern Durchmesser gilt das Denkmal bis heute als größtes sozialistisches Monument. Mit dem Sturz der Regierung und dem Ende des Sozialismus im Jahr 1989 wurde die fliegende Untertasse dem Verfall überlassen. Der einstige sozialistische Prachtbau, der als Paradebeispiel für den Brutalismus gilt, wurde Opfer von Vandalismus und ist zugleich ein Zeichen der Zeit. Als der Beton immer mehr bröckelte und das Gebäude zunehmend baufällig wurde, verbarrikadierte man die Zugänge. Mittlerweile wird der Komplex wenigstens insoweit instandgehalten, dass keine Einsturzgefahr droht, und so ist das bulgarische Ufo nicht nur ein monströses Denkmal für Rebellenführer Dimitar, sondern auch einer der letzten Zeitzeugen des bulgarischen Sozialismus.

»MIT DEM STURZ DER REGIERUNG UND DEM ENDE DES SOZIALISMUS IM JAHR 1989 WURDE DIE FLIEGENDE UNTERTASSE DEM VERFALL ÜBERLASSEN.«

TIPPS & INFOS

ANREISE: Das Denkmal liegt 1441 Meter hoch im Balkangebirge im Herzen Bulgariens. Der nächste Ort ist die zwölf Kilometer entfernte Stadt Shipka. Von Sofia braucht man mit dem Auto etwa drei Stunden. Einen Parkplatz gibt es direkt vor der Kuppelhalle. Wer gerne mehr über das Denkmal und die kommunistische Ära erfahren will, kann sich auch einer geführten Tagestour anschließen.

SEHENSWERT: Beim jährlichen Surva Festival zu Beginn des Jahres werden traditionell die bösen Geister vertrieben. Dafür ziehen in den Straßen der bulgarischen Städte gruselig maskierte Menschen umher. Das Surva Festival in Pernik ist das bekannteste des Landes und wird jedes Jahr am letzten Freitag, Samstag und Sonntag im Januar durchgeführt.
INFO: surva.org; getyourguide.de/activity/sofia-l158/tagestour-zu-kommunistischen-sehenswuerdigkeiten-in-sofia-t188664?utm_force=0/?partner_id=5RS1HEZ

Über dieses beeindruckende Naturschauspiel gibt es eine Menge Legenden.

»EINEM MYTHOS ZUFOLGE LIEGT VOR DEN KLIPPEN AM MEERESGRUND DIE VERSUNKENE STADT CILL STUIFÍN.«

81 CLIFFS OF MOHER

Fohlen, Hexen und eine versunkene Stadt

Es geht senkrecht in die Tiefe. Wenn der Wind weht, wird es richtig gefährlich. Vielleicht ist es gerade die Gefahr, die die Cliffs of Moher an der irischen Küste zu einem sagenumwobenen Ort auf der Insel macht. Eine der Legenden stammt aus der Zeit, als St. Patrick das Christentum nach Irland brachte. Die keltischen Gottheiten verwandelten sich aus Zorn in Pferde und versteckten sich für einige Jahrhunderte in nahegelegenen Höhlen. Irgendwann verließen sieben Fohlen den Unterschlupf. Geblendet vom Sonnenlicht, galoppierten sie panisch die Küste entlang und stürzten in die Tiefe. Der Ort heißt seitdem Aill Na Searrach, die Klippe der Fohlen. Eine andere Geschichte erzählt von der Hexe Mal, die in einen der Krieger aus dem Gefolge von König Ulster namens Cú Chulainn verliebt war. Obgleich der Krieger die Liebe nicht erwiderte, folgte Mal ihm durchs ganze Land. Von den Klippen bei Moher sprang Cú Chulainn auf eine Insel, um ihr zu entkommen. Mal sprang ihm nach, schaffte den Sprung jedoch nicht und zerschmetterte am Felsen. Hag's Head, also Hexenkopf, heißt seither der Ort am südlichsten Punkt der Cliffs of Moher.

Einem Mythos zufolge liegt vor den Klippen am Meeresgrund die versunkene Stadt Cill Stuiín. Der König verlor den goldenen Schlüssel zu den Türen seiner Burg. Solange der Schlüssel verschollen ist, soll die Stadt unter Wasser bleiben. Alle sieben Jahre wieder soll sie zu sehen sein. Doch Vorsicht: Wer sie zu Gesicht bekommt, soll in den folgenden sieben Jahren sterben.

TIPPS & INFOS

WISSENSWERT: An den Moher-Cliffs steht eine Gedenktafel, die all denen gewidmet ist, die ihr Leben bei den Klippen verloren haben. Immer wieder stürzen Menschen in die Tiefe, obwohl Schilder vor dem Laufen auf dem schmalen Pfad an der Felskante warnen. Seit 1993 sind hier rund 70 Menschen zu Tode gekommen. Die Anreise zu den Klippen dauert von Galway etwa 90 Minuten mit dem Auto.

SEHENSWERT: Etwa 40 Minuten von den Cliffs entfernt kann man sich Irland von unten anschauen. Am Rande des Burren im County Clare geht es in den Aillwee Caves auf eine Entdeckungsreise in die Höhlenwelt Irlands.

INFO: cliffsofmoher.ie; aillweeburrenexperience.ie

Majestätisch stehen Irlands bekannteste Steilklippen am Atlantik.

82 SALINA TURDA

Ein Freizeitpark unter der Erde

Ein altes Bergwerk, das zum Schaubergwerk umgewandelt wird, ist schon spektakulär. Doch was im ehemaligen Salzbergwerk im rumänischen Turda zu sehen ist, ist unglaublich. Bis zu 120 Meter unter der Erdoberfläche lockt hier ein ganzer Freizeitpark. Und der wirkt wie nicht von dieser Welt.
Bereits die Römer haben in der Region um Turda Salz abgebaut. Unter der Herrschaft der Habsburger fing man 1690 mit den Arbeiten an der hiesigen Saline. an. Nachdem die Bedeutung der Stollen kontinuierlich abnahm, kam der Salzabbau in Turda 1932 zum Erliegen. Im Zweiten Weltkrieg nutzte man die Höhlen als Luftschutzbunker, später als Käselager, bevor man dann ein Schaubergwerk mit Museum für die Öffentlichkeit errichtete.
Seit 2010 hat sich das ehemalige Bergwerk als der wahrscheinlich tiefste Freizeitpark der Welt neu erfunden. Umgeben von einer einmaligen Kulisse, gibt es tief im Inneren von Transsilvanien ein Riesenrad, Billardtische, Minigolf, ein Karussell, eine Bowlingbahn, Tischtennisplatten, einen Sport- und einen Kinderspielplatz sowie ein Amphitheater mit beheizten Sitzen für Filmaufführungen. Mit dem Lift geht es in den Rudolf-Stollen, mit 50 mal 80 Metern das Herzstück des Freizeitparks, auf dem sich die Attraktionen befinden. Auf einem unterirdischen See mit magisch beleuchtetem Anleger geht es auf Bootstour. Neben dem Rummel erfährt man alles über die Geschichte des Bergwerks – und auch für die Gesundheit ist gesorgt, denn die salzhaltige Luft wirkt lindernd bei Atembeschwerden.

Ob es irgendwo auf der Welt einen beeindruckenderen Ort für einen Vergnügungspark gibt als den in der Saline in Turda, lässt sich bezweifeln.

TIPPS & INFOS

ANREISE: Die Anreise mit dem Auto nach Turda in der Nähe von Cluj-Napoca dauert von Bukarest aus rund sechs Stunden.
WELLNESS: Im Turda Salt Mine's Spa & Wellness Centre im Potaissa Hotel ganz in der Nähe der Mine lässt man es sich gutgehen. Hier gibt es Spa, Fitness und ein Health Centre.
INFO: salinaturda.eu/en

Grimmig thront das Folter-Schloss über dem Land.

83 SCHLOSS MOOSHAM

Wo Folter an der Tagesordnung stand

Schlösser und Burgen haben oft Jahrhunderte überdauert, und da verwundert es nicht, dass im Laufe der Zeit so einige Erzählungen über die Dinge, die sich hinter dicken Mauern zugetragen haben sollen, die Runde machen. Kaum eine andere Burg hat aber eine derart blutige Geschichte wie das Schloss Moosham im Salzburger Land.

Einst Sitz der Erzbischöfe von Salzburg, dienten die düsteren Gemäuer im Herzen des Lungau später als Gericht und Gefängnis. Während des 17. Jahrhunderts fanden hier Hexenprozesse statt. Frauen und Männer, die wegen Hexerei angeklagt waren, wurden im Schloss gefangen gehalten und aufs Grausamste gefoltert. Bei sogenannten Hexenproben wurde über das Schicksal der Gemarterten entschieden, die so oder so keine Chance hatten. Man schätzt, dass rund 100 Menschen in Schloss Moosham wegen Hexerei hingerichtet wurden, nicht eingerechnet diejenigen, die während der »Befragungen« ihr Leben verloren. Noch heute sollen die Geister der zu Unrecht Exekutierten in den Gemäuern des Hexenschlosses unterwegs sein.

Mitte des18. Jahrhunderts war es nicht die Inquisition, sondern der berüchtigte Schörgen-Toni, der als Gerichtsdiener auf Moosham für Angst und Schrecken sorgte. Er ließ Wilderer und Gefangene selbst wegen Kavaliersdelikten auf barbarische Weise foltern. Hinter vorgehaltener Hand munkelten seine Untertanen, dass er mit dem Teufel im Bunde stehen müsse. Irgendwann schlug auch seine letzte Stunde, und der Teufel höchstpersönlich geleitete ihn mit seiner Kutsche in die Hölle.

TIPPS & INFOS

WISSENWERT

Heute beherbergt das Schloss Moosham ein Museum, das die Geschichte der Hexenverfolgung und das Leben im Schloss zeigt.

SEHENSWERT: In Salzburg lohnt sich der Besuch der Festung und des darunter befindlichen St.-Peter-Friedhofs mit den Katakomben, deren Wurzeln bis in die Antike zurückreichen. Mehr dazu bei Reiseziel 44.

INFO: schlossmoosham.at/schloss-moosham-in-unternberg-lungau.html

Noch immer ranken sich Rätsel um den Steinkreis des Sonnenkalenders.

84 STONEHENGE

Die magische Anziehungskraft der Steine

Die ersten Sonnenstrahlen kämpfen sich über die Baumkronen am Horizont, begleitet von schamanischen Gesängen und Trommelklängen. Es ist der Tag der Sommersonnenwende, der wichtigste Tag in Stonehenge.
Stonehenge ist nicht nur eine der bekanntesten Sehenswürdigkeit der Welt, sondern in großen Teilen noch immer ein wissenschaftliches Mysterium. Rund 4600 Jahre ist der Steinkreis in der englischen Grafschaft Wiltshire alt. Die meterhohen und tonnenschweren Steine kommen teilweise aus Wales, teilweise aus den rund 25 Kilometer entfernten West Woods. Wie das Volk der sogenannten Windmill-Hill-Kultur die tonnenschweren Steine aufstellen konnte, ist ungeklärt. Auch die genaue Funktion wirft noch immer Fragen auf. Eine Theorie besagt, dass Stonehenge eine religiöse Stätte war und rituellen Zwecken diente. Der Fund von 80 000 Tierknochen spricht für allerlei Proviant, den Pilger mitgebracht haben könnten. Die exakte astronomische Ausrichtung auf die Sonnenwende spricht für einen Sonnenkalender. Im Untergrund wurden außerdem zahlreiche Gräber gefunden. Auch wenn man mittlerweile viele Erkenntnisse gewinnen konnte, das große Rätsel ist noch nicht gelöst. Und wie steht es jetzt um den Bau selbst? Waren beim Meisterwerk der steinzeitlichen Baukunst außerirdische Wesen involviert? Dass sich rund um die Steine besondere Energien bündeln, steht für die Wissenschaft fest. Jedes Jahr zur Sonnenwendfeier pilgern Tausende New-Age-Anhänger, Alt-Hippies und Schaulustige zum Steinkreis.

TIPPS & INFOS

SEHENSWERT: Die schönste Zeit zum Besuch ist früh morgens, am besten im Frühjahr oder Herbst, wenn der Nebel mystisch zwischen den Steinen emporsteigt.
ANREISE: Am unabhängigsten reist man mit dem Mietwagen nach Stonehenge, das drei Kilometer westlich der Stadt Amesbury liegt. Von London aus sind es etwa zweieinhalb Stunden. Unkompliziert sind geführte Touren. Der letzte Einlass in Stonehenge ist zwei Stunden vor Schließung.
INFO: english-heritage.org.uk

Für Liebhaber vom Schaurig-Schönen eine Visite wert: die Teufelsstadt

85 ĐAVOLJA VAROŠ

Die Teufelsstadt aus Erdpyramiden und roten Quellen

Zwischen der »Teufelsschlucht« und »Höllenschlucht«, südöstlich der Stadt Kuršumlija, ragen 202 bizarre Erdsäulen senkrecht aus dem Boden. Dass diese eigenartigen Erdpyramiden auf natürlichem Wege entstanden sein sollen, das konnten sich die Bewohner der Umgebung einfach nicht vorstellen. So rankt gleich eine ganze Reihe an Legenden um den Ort. Eine Legende besagt, dass es versteinerte Hochzeitsgäste und eine Familie seien, die vom Teufel dazu verführt wurden, einen Bruder mit seiner Schwester zu verheiraten. Eine weitere Geschichte erzählt von einer Gruppe von Schülern, die von einem mysteriösen Zauberer verflucht und in den Erdpyramiden gefangen gehalten wurden. Ihre Gestalten wurden in Stein verwandelt, und ihre Seelen sollen noch immer in der Teufelsstadt gefangen sein. Was die unheimliche Stimmung verstärkt, ist der Wind, der zwischen den Pyramiden pfeift. Es klingt, als würde jemand heulen oder schreien. Und dass ganz in der Nähe auch noch rotes Wasser aus dem Boden sprudelt, macht die Sache nicht besser. Đavolja Varoš heißt Teufelsstadt – der Name bleibt hängen. Wer rund um die Teufelsstadt unterwegs ist, merkt schnell: So ganz von der Hand zu weisen ist das mit der düsteren Atmosphäre nicht.

TIPPS & INFOS

WISSENSWERT: Natürlich haben Wissenschaftler Erklärungen für die Phänomene, so sind die Formationen auf lange und kontinuierliche Erosionsprozesse zurückzuführen, die bis heute anhalten. Die Geräusche entstehen durch Windströme. Das Wasser der Quelle Đavolja Voda (Teufelswasser) ist reich an Aluminium, Eisen, Kupfer und Schwefel. Lediglich ein paar 100 Meter entfernt liegt Crveno Vrelo (die Rote Quelle), die nach ihrer Farbe benannt wurde, welche durch den hohen Eisenanteil entsteht.
AKTIV: Prolom Banja ist ein Kurort, in dem man sich ganz den Heilkräften der Quellen hingeben kann. Wie zum Beispiel im Hotel Radan Prolom.
INFO: serbia.travel/de/upoznaj-srbiju/natur/naturdenkm-ler/djavolja-varos-die-teufesstadt
prolombanja.com

Nach der Fertigstellung der Brücke stürzte sich der Architekt in den Tod – etwas Schöneres könne er nie wieder bauen, so seine traurige Meinung.

Rondas Schönheit ist auch heute noch beeindruckend.

»RONDA IN DER PROVINZ MÁLAGA GILT ALS EINES DER SCHÖNSTEN UNTER DEN WEIßEN DÖRFERN ANDALUSIENS.«

86 DRAMATISCHES RONDA

Die Stadt an den Klippen

Rund 100 Meter geht es senkrecht nach unten. Wem das nicht geheuer ist, sollte den Blick beim Überqueren der Puento Nuevo besser nach vorne richten, doch dann würde einem die Aussicht auf die Berglandschaft Serranía de Ronda entgehen. Dicht am Abgrund der Felsen stehen die Häuser. Ronda in der Provinz Málaga gilt als eines der schönsten unter den weißen Dörfern Andalusiens. Kein Wunder, dass Künstler reihenweise ihr Herz an die Stadt verloren. Schriftsteller wie Rilke und Hemingway ließen sich hier bezirzen, Pedro Romero Martinéz, der berühmteste Matador aller Zeiten, kämpfte in der Arena um sein Leben.

Die Brücke verbindet den alten Stadtteil Rondas mit dem neueren. Auch wenn Ronda unzählige Herzen erobern konnte, kommt Liebe meist nicht ohne Leid aus. Am Tag der Fertigstellung 1751 soll sich der Bauherr José Martín de Aldehuela von seiner geliebten Brücke gestürzt haben aus der Gewissheit, dass er nie wieder etwas derart Schönes werde bauen können. Diese Geschichte hat sich als Legende entpuppt, doch sie passt einfach nach Ronda.

In der Vergangenheit war Ronda hart umkämpft: Im Spanischen Bürgerkrieg machten die Anhänger der Republik oft kurzen Prozess und warfen ihre faschistischen Feinde über die Felskante. Im Mittelalter beförderte man vermeintliche Hexen kurzerhand in die Schlucht. Im Palast auf der schroffen Klippe residierte einst der maurische Herrscher Almonated, der nicht gerade als einfühlsamer König in die Geschichte einging: Er soll seinen Wein am liebsten aus den Schädeln seiner Feinde getrunken haben.

TIPPS & INFOS

WISSENSWERT: In den Höhlen der Berglandschaft zeugen Malereien von Siedlungen der Jungsteinzeit, doch auch später suchten Menschen hier Unterschlupf: Räuberbanden ließen sich nieder. Der bekannteste Räuber unter ihnen war der Verlobte der vielbesungenen Carmen aus der Oper von Georges Bizet. In der ursprünglichen Version stammte Carmen aus Ronda, und ihr Geliebter, Don José, trieb rund um die Felsenstadt sein Unwesen.

SEHENSWERT: Durch die Altstadt geht es bergab. Vom maurischen Stadtviertel San Miguel am Fuße der Brücke hat man nicht nur einen eindrucksvollen Blick, sondern kann auch die Ruinen der alten arabischen Bäder bewundern.

INFO: andalucia.org/de/ronda

Auch heute noch in ihrem Schrecken unbegreiflich: Die Stadt Pompeji kann von Touristen besichtigt werden.

87 POMPEJI

Im Moment des Vulkanausbruchs

Das Unglück kündigte sich schon einige Zeit an. Die Erde zitterte, und ein bedrohliches Rumoren erfüllte die Luft. Doch als der Vesuv im Jahr 79 n. Chr. ausbrach, hatten die Bewohner von Pompeji keine Chance. Trotz zahlreicher Warnzeichen kam der Ausbruch für viele überraschend. Einige flohen, andere suchten Schutz in ihren Häusern. Erst überrollte eine Lawine aus Feuer und Lava die Stadt, dann kamen Asche und giftige Gase. Noch verheerender war der zweite Ausbruch am nächsten Tag. Lavamassen drangen in die Häuser ein, und es gab kein Entkommen. Wer den Schauplatz dieser Katastrophe heute besucht, kann sich dem Grauen kaum entziehen. Zusammengekrümmt und aneinandergeklammert starben die Menschen und wurden in einer Schicht aus Bimsstein und Asche konserviert. Die entstandenen Hohlräume der Körper im erstarrten Lavagestein wurden mit Gips ausgegossen und machen das schreckliche Schicksal greifbar. Rückstände von mehr als 2000 Leichen wurden gefunden, Wissenschaftler gehen allerdings von weit mehr Opfern aus.

Pompeji wurde vermutlich im siebten Jahrhundert v. Chr. vom Volk der Osker gegründet, entfaltete sich aber erst unter den Römern ab 80 v. Chr. Erst im 18. Jahrhundert begann man mit den Ausgrabungen der zerstörten Stadt und brachte die bedeutenden Kunst- und Kulturschätze ans Tageslicht. Als Besucher wandelt man auf den gut erhaltenen Straßen zu den Überresten von Pompeji und fühlt sich an der Welterbestätte wie ein Zeitreisender im Moment einer Katastrophe.

TIPPS & INFOS

WISSENSWERT: Zu den wichtigsten Bauwerken gehören das Amphitheater, Tempel, das Kapitol und das Lupanar, ein Freudenhaus, dessen Wände mit detaillierten erotischen Abbildungen geschmückt waren.

ANREISE: Von Neapel (Station Piazza Garibaldi) kommt man ganz einfach mit dem Zug nach Pompeji. Die sogenannte Circumvesuviana verkehrt zwischen Neapel und Sorrent und verfügt über die Haltestelle Pompei Scavi, die unmittelbar am Eingang zur Ausgrabungsstätte liegt.

INFO: pompeiisites.org

Ein Meisterstück der Architektur ist die Teufelsbrücke in Reuss.

88 TEUFELSBRÜCKE

Ein Pakt mit dem Beelzebub

Die Teufelsbrücke über die Schöllenenschlucht hat ihren Namen nicht von ungefähr. Ihre Geschichte reicht bis ins 13. Jahrhundert zurück. Immer wieder versuchte man, einen Saumweg durch die enge Schöllenenschlucht anzulegen, doch viel zu oft stürzten Menschen und Packtiere in die Tiefe. Eine Brücke aus Holz wurde durch Hochwasser mehrmals zerstört. Die Bauarbeiten für eine Steinbrücke begannen im Jahr 1595 unter der Leitung des Ingenieurs Hans Ulrich Grubenmann. Die Lage des Flusses und das raue Klima erschwerten die Bauarbeiten erheblich. Ein Teufelswerk.
Eine der vielen Legenden, die sich um die Brücke ranken, erzählt von einem Pakt zwischen den Baumeistern und dem Teufel. Sie versprachen dem Teufel, ihm die Seele der ersten lebenden Person zu geben, die die Brücke überquert. Als die Brücke fast fertiggestellt war, überlisteten die Baumeister jedoch den Teufel, indem sie einen Hund (oder in anderen Erzählungen einen Ziegenbock) anstelle eines Menschen über die Brücke schickten. Der verärgerte Teufel packte vor Wut einen großen Stein und schleuderte ihn in den Fluss. Dieser Stein ist als Teufelsstein bekannt und kann in der Nähe der Brücke besichtigt werden.
Die Brücke selbst gilt als Meisterwerk der Ingenieurskunst. Die massiven Steinblöcke wurden sorgfältig aufeinandergeschichtet, und das auf einer Länge von etwa 56 Metern. Mittlerweile einige Male ersetzt und erneuert, ist die Teufelsbrücke über der Reuss längst ein beliebtes Ausflugsziel und das Wahrzeichen der Region Uri.

TIPPS & INFOS

AKTIV: Der Rundwanderweg Schöllenen ist ein einfacher, doch eindrucksvoller Wanderweg, der nur etwa eine halbe Stunde dauert und faszinierende Blicke auf die Felswände und die Reuss bietet. Für das leibliche Wohl vor Ort sorgt das Restaurant Teufelsbrücke.
SEHENSWERT: Vor Kurzem wurde eine Multimediainstallation eingerichtet, die die Fußgänger- und Fahrradunterführung der Brücke illuminiert und dabei mit Videoanimationen Bezug auf die Teufelssage nimmt.
INFOS: andermatt.swiss/attraktionen

Felswände dominieren den Gottesraum in der Kirche der Jungfrau Maria.

89 SANTUARIO DE LA VIRGEN DE LA BALMA

Die Kirche der Dämonen

Die der Jungfrau Maria gewidmete Kirche ist direkt in den Felsen gegraben. Sie wurde der Legende nach errichtet, als im 14. Jahrhundert die Jungfrau einem Hirten erschien und ihn bat, in ihrem Namen eine Kultstätte zu errichten. Der Hirte, der an einer Behinderung litt, erlebt ein Wunder. Nachdem er die Kirche gebaut hatte, war seine Beeinträchtigung auf wundersame Weise verschwunden.

Im 18. Jahrhundert wurde die Kirche zum Anziehungspunkt einer eigenartigen Glaubensgemeinschaft. Die Mitglieder waren überzeugt, von Dämonen besessen zu sein, und pilgerten in die Felseneremitage, um von dieser Gläubigkeit befreit zu werden. Immer mehr Menschen kamen zu den jährlichen Wallfahrten und zwängten sich in die kleine Höhlenkirche. Zuerst leiteten Priester die Zeremonien, später übernahmen das selbsternannte Hexen und Zauberinnen auf ihre Weise. Sie fesselten und knebelten die in vielen Fällen an Epilepsie Leidenden und rezitierten Sprüche. Ekstase machte sich breit.

Irgendwann lief das Ganze aus dem Ruder, 1936 wurden die Exorzismen schließlich verboten. Die Kirche geriet in Vergessenheit. Erst Ende der 70er-Jahre renovierte man die Klostergebäude, richtete in einem Raum ein Restaurant ein und konnte damit wieder Besucher willkommen heißen.

Wer das Santuario betritt, wird von einer eigenartigen Stimmung eingenommen. In der länglichen Höhle befindet sich geschützt hinter Gittern das Bild der Jungfrau von la Balma. Sie ist umgeben von Hunderten von Kerzen, an den Wänden hängen Fotos, Hüte, Schriftstücke, Kleidung und Devotionalien von Genesenen, die der Jungfrau für ihre Hilfe danken.

TIPPS & INFOS

SEHENSWERT: Im Jahr 1929 verbrachte ein Journalist namens Alardo Prats y Beltrán drei Tage in der Kirche. Er schrieb ein Buch über seine Erlebnisse, das auf Spanisch unter dem Titel »Tres días con los endemoniados: la España desconocida y tenebrosa« veröffentlicht wurde.

ANREISE: Die auch Santuario de la Mare de Déu de la Balma genannte Kirche befindet sich in Castellón in der Nähe von Cova de la Balma und Capelleta del Barranquet. Der Eintritt in die Wallfahrtskirche ist in den saisonal festgelegten Besuchszeiten kostenlos.

INFO: turismodecastellon.com/de/que-hacer/cultura/monumentos/show/103395

Direkt in den Felsen gebettet, ist die Wallfahrtsstätte ein Kleinod.

Das Matterhorn: Viele Bergsteiger unterschätzen die Gefahren an einem der tödlichsten Berge überhaupt.

Aufgrund solcher Aussicht ist die Versuchung groß, sich in diese Höhen zu bringen.

90 MATTERHORN

Ein Berg, mit dem nicht zu scherzen ist

Sagen und Legenden erklären bisweilen Naturphänome, auch in der Schweiz. Riesen sollen einst in den Walliser Alpen gelebt haben. Sie waren so stolz und ungehorsam gegenüber den Göttern, dass diese das unmöglich auf sich sitzen lassen konnten. Sie mussten sie also bestrafen und verwandelten die Riesen in Stein. Das Matterhorn ist demnach nichts Geringeres als einer der schlafenden Giganten. Diese Legende rund um den markanten Felsen ist nur eine von vielen. Eine andere erzählt von zwei Berggeistern, dem guten Geist namens Horu und dem bösen Cervin. Beide befinden sich in einem ewig währenden Kampf zwischen Gut und Böse und sorgen mit ihrem ständigen Hin und Her für allerlei Gefahren und Unwetter.

Dass das Matterhorn mit seinen scharfen Steilwänden als einer der höchsten und technisch anspruchsvollsten Berge der Alpen gilt, befeuert die Mythen über den unheilvollen Gipfel nur noch. Die Liste der Unfälle und Tragödien unter den Bergsteigern ist lang. Das erste Unglück ereignete sich bei der Erstbesteigung im Jahr 1865, bei der vier von sieben Mitgliedern der Seilschaft in den Tod stürzten. Schuld, so munkelt man, sei der britische Bergsteiger Edward Whymper, der vor der Abfahrt einen Pakt mit dem Teufel geschlossen haben soll. Auch wenn Bergsteigern nicht der Höllenlord persönlich begegnet, kann es passieren, dass sie ein mysteriöses Pferd erspähen. Wenn dem so ist, sollte man sich hüten, denn die Sichtung des Geisterpferdes gilt als äußerst schlechtes Omen.

TIPPS & INFOS

WISSENSWERT: Trauriger Spitzenreiter: Pro Jahr kostet der Aufstieg auf das Matterhorn etwa acht bis zehn Menschen das Leben. Seit der Erstbesteigung vor knapp 160 Jahren kamen am Matterhorn etwa 600 Menschen zu Tode. Damit ist der Gipfel ganz weit oben auf der Liste der Berge mit Todesfolgen weltweit.

AKTIV: Wunderbare und ganz ungefährliche Aussichten auf das Matterhorn gibt es beim 5-Seenweg durch die Zermatter Bergwelt. Vorbei an Stellisee, Grindjisee, Grünsee, Moosjisee und Leisee gibt es immer wieder den Blick zum Gipfel und Badevergnügen. Übrigens: Das Dorf Zermatt ist autofrei. Mit dem Zug geht es von Täsch aus weiter.

INFO: zermatt.ch/Media/Wanderungen-Touren-finden/5-Seenweg-Nr.-11

»DIE LISTE DER UNFÄLLE UND TRAGÖDIEN UNTER DEN BERGSTEIGERN IST LANG.«

»UNTER DEM SCHLOSS LIEGT EINE DER GRÖSSTEN HÖHLEN SLOWENIENS, IN DIE MAN BEIM BAU DER BURG DIE TUNNEL GEGRABEN HATTE.«

Hinab in die Höhlengänge unter der Burg geht es mit einer Führung.

91 BURG PREDJAMA

Zwischen Felsen und Höhlen

In einem Felsvorsprung in 123 Metern hohen Klippen steht eine Burg, als sei sie direkt aus dem Fels geschlagen worden. Seit 800 Jahren thront die Burg Predjama als die größte Höhlenburg der Welt über dem Tal. Der wohl berühmteste Bewohner war ein Raubritter namens Erasmus von Luegg. Im 15. Jahrhundert stellte er sich auf die Seite der Ungarn in den Kämpfen gegen die Österreicher und flüchtete auf die Burg. Bei der Belagerung von Predjama führte er die Soldaten, die vor den Toren ausharrten, an der Nase herum. Immer wieder warf er Fleisch und Obst auf sie hinunter. Diese wunderten sich, wo er immer wieder frische Lebensmittel herbekam. Was sie nicht wussten: Die Burg ist an ein rund 14 Kilometer langes Höhlensystem angeschlossen und über ein verzweigtes Netz an Tunneln an die Außenwelt angebunden. Erasmus konnte also ungesehen ins Dorf verschwinden, so oft er wollte. Einer Legende nach, deren Wahrheitsgehalt jedoch recht zweifelhaft ist, kam das Ende des Raubritters dann eher unrühmlich. Ein Diener hatte sich mit den Belagerern verbündet und mit ihnen ein Zeichen vereinbart, sobald der Ritter auf der Toilette war. Mit einer zielgeführten Kanonenkugel soll er auf dem stillen Örtchen niedergestreckt worden sein.

Unter dem Schloss liegt eine der größten Höhlen Sloweniens, in die man beim Bau der Burg die Tunnel gegraben hatte. Sie verläuft über vier Ebenen. Etwa 700 Meter können bei der Burgbesichtigung angeschaut werden.

TIPPS & INFOS

SEHENSWERT: Mehr von den Höhlen sieht man bei gesonderten Höhlentouren. Im Winter sind die Tore allerdings geschlossen, denn dann halten die Fledermäuse, die es sich hier gemütlich gemacht haben, Winterschlaf. Noch mehr Höhlenerlebnis gibt es in der berühmten Höhle von Postojna, die nur wenige Kilometer entfernt liegt. Ein Shuttlebus verbindet Burg und Höhle.
ANREISE: Von Postojna aus sind es ungefähr elf Kilometer, also etwa 15 Minuten, mit dem Auto bis nach Predjama. Die Burg ist weniger als eine Fahrstunde von Ljubljana und Triest entfernt. Mit dem Zug geht es direkt nach Postojna, von wo aus man nach einer kleinen Wanderung am Ziel ankommt.
INFO: postojnska-jama.eu

Wie in den Felsen geschlagen versteckt sich die alte Burg in der Gebirgslandschaft.

92 DER BERG DER KREUZE

Ein Ort des tiefen Glaubens

Während der Berg der Kreuze ein Ort des Widerstandes und des Aberglaubens ist …

Zugegeben, mit zehn Metern ist er eher ein Hügel als ein Berg, aber dennoch lässt der Berg der Kreuze Münder von Betrachtern vor Erstaunen offen stehen. Rund zwölf Kilometer nördlich der Stadt Šiauliai reihen sich 100 000 Kreuze aneinander. Ein Meer aus Kreuzen, das den tiefen Glauben der Litauer imposant verbildlicht. Seit 1991 gilt der Berg der Kreuze als heiliger Ort der Katholiken. Doch schon im Mittelalter sollen hierhin Menschen zum Beten und für Opfergaben gekommen sein. Heute noch strömen unzählige Pilger jedes Jahr hierher, um ein Kreuz aufzustellen oder einen Rosenkranz aufzuhängen. Wieso? Darum ranken sich viele Geschichten. Eine erzählt, dass der Vater einer schwerkranken Tochter von einer weißgekleideten Dame träumte, die ihn aufforderte, zu ihrer Heilung auf dem Berg ein Kreuz aufzustellen. Der Mann tat wie geheißen, und seine Tochter wurde geheilt. Viele Jahre später war dem kommunistischen Regime der fromme Wallfahrtsort ein Dorn im Auge. Nachdem die christliche Bevölkerung bereits bei den Aufständen gegen das russische Zarenregime Mitte des 19. Jahrhunderts Kreuze für getötet Angehörige und nach Stalins Tod Rückkehrer aus den Gulags Kreuze für ihre Kameraden aufstellten, wurden sie in den 60er- und 70er-Jahren immer wieder mit Bulldozern entfernt, mit dem Ergebnis, dass bereits am nächsten Tag unermüdlich neue errichtet wurden. Der Berg der Kreuze wurde so zum Zeichen des Widerstands.

TIPPS & INFOS

AKTIV: Der Hexenberg Raganų kalnas liegt in der Nähe der litauischen Küstenstadt Juodkrantė, etwa zwei Stunden Fahrt vom Berg der Kreuze entfernt. Den Waldweg zum Hexenberg säumen zahlreiche skurrile Skulpturen und Figuren aus der litauischen Mythologie und Folklore und sorgen damit für eine mysteriöse und schaurig-schöne Atmosphäre.

SEHENSWERT: Die nächstgelegene größere Stadt zum Berg der Kreuze ist Šiauliai. Hier können Besucher die schöne Altstadt erkunden, traditionelle litauische Küche genießen und das Stadtmuseum besuchen, um mehr über die Geschichte der Region zu erfahren.

INFO: kryziukalnas.lt/?id=44

93 SOKRATES' GEFÄNGNIS

Der vielleicht beste Blick auf die Akropolis

Er habe die Jugend verführt und die Götter missachtet. Für die Athener Demokratie war das Grund genug, um Sokrates im Jahre 399 v. Chr. zum Tode zu verurteilen. Bis er den berühmten Schierlingsbecher gefasst entgegennahm, diskutierte der Philosoph im Gefängnis weiterhin mit seinen Anhängern über Fragen der Gesellschaft.
Wer in Athen am Osthang des Philopapposhügels unterwegs ist, stößt auf eine Höhle, deren Eingänge mit Metallgittern verschlossen sind. Seit man die Höhle unter den Ruinen von Häusern entdeckt hatte, wird darüber spekuliert, ob es sich um das Gefängnis des Sokrates handeln könne. Als man eine beschädigte Sokrates-Statue an ebenjener Stelle fand, waren viele überzeugt. Ob es sich nun tatsächlich um genau den Ort handelt, an dem Sokrates hinter Gittern saß, oder nicht – die Räume wurden vermutlich im fünften Jahrhundert v. Chr. in den Felsen gehauen und sind als antikes Relikt so oder so ein sehenswertes Stück Geschichte. Wenn man sich ausmalt, wie Sokrates oder andere Gefangene hier in den schattigen Hohlräumen des Hügels saßen, war ihnen zumindest ein Trost gewiss: der vielleicht schönste Ausblick auf die Akropolis von ganz Athen.
Beim Besteigen des Philopapposhügels geht es auf schmalen Pfaden nach oben. Immer wieder kann man anhalten, um die Akropolis anzuschauen. Im Sommer kann es auf der Wanderung jedoch ziemlich heiß werden. Übrigens lohnt auch der Blick nach unten: Mit etwas Glück lassen sich Schildkröten sehen, die hier in den Büschen umherstreifen.

TIPPS & INFOS

WISSENSWERT: Während des Zweiten Weltkriegs dienten die Höhlen als Versteck für bedeutende Artefakte des Akropolis-Museums in Athen sowie des Archäologischen Nationalmuseums.
ANREISE: Die nächstgelegene Haltestelle ist die Busstation Akropolē der Buslinie 230. Alternativ nimmt man die Metrolinie M 2 bis Acropoli oder die M 1 nach Thissio und läuft von dort in etwa zehn Minuten zu Fuß zum Hügel.
INFO: athens-tourist-information.com/de/sehenswurdigkeiten/huegel/filopappou/gefaengnis-socrates

Schwindelfrei sollten Besucher sein, damit der Ausflug nicht nur schaurig, sondern auch schön wird.

94 CAMINITO DEL REY

Der einst gefährlichste Wanderweg der Welt

Lange Zeit galt der Caminito del Rey als der gefährlichste Kletterpfad der Welt. Der Weg selbst ist nur wenige Zentimeter breit, daneben geht es senkrecht in die Tiefe. Heute ist der Pfad zum Glück gesichert. Um sein Leben muss man hier zwar nicht mehr fürchten, spektakulär ist der Caminito del Rey aber immer noch. Anfang des 20. Jahrhunderts wurde er angelegt, um Arbeitern den Zugang zu einem Wasserwerk zu ermöglichen. Mit nicht mehr als ein paar Planken befestigte man den Weg zuerst, nach und nach verwendete man Beton und Eisen. Zur Einweihung am 21. Mai 1921 nutzte sogar König Alfons XIII. den Weg, und seitdem heißt er Caminito del Rey, Kleiner Königspfad.

Mit der Zeit verlor der Weg an Bedeutung, der Beton bröckelte. Ungünstig war dies für die Bewohner, die den Pfad als Schulweg, zur Arbeit oder einfach zur nächsten Taverne nutzten. Nachdem es immer wieder zu Unfällen und sogar zu Todesfällen gekommen war, zog man einen Schlussstrich und machte den Weg dicht. Doch es kamen Beschwerden auf, und so wurde der Caminito nach 2105 für die Öffentlichkeit wieder zugänglich gemacht. Heute ist der Wanderweg gesichert, gut ausgebaut und befestigt. Doch selbst wer angeseilt über die wackelige Hängebrücke kriecht, dem rutscht das Herz in die Hose. Dennoch lohnt es sich – die Aussicht auf die Schlucht und Canyons ist spektakulär. Insgesamt beträgt die Strecke des Caminito del Rey 7,7 Kilometer. Davon führen jedoch nur knapp drei über den eigentlichen Klettersteig. Auf dem Rest der Strecke kann man sich ganz ohne Adrenalin-Rush auf die Natur konzentrieren.

TIPPS & INFOS

WISSENSWERT: Es empfiehlt sich, die Tickets für den Caminito del Rey vorab zu kaufen, denn die Besucherzahl pro Tag ist limitiert. Shuttlebusse verbinden den nördlichen Zugang im Bereich des Guadalhorce-Stausees (Ardales) mit dem südlichen Zugang am Bahnhof El Chorro (Álora) in beide Richtungen.

SEHENSWERT: In Ardales, einer der Ortschaften am Caminito del Rey, gibt es ein reiches historisches Erbe wie die Ruinen von Bobastro zu bestaunen. Hauptsehenswürdigkeit ist die Cueva de Ardales, eine der bedeutendsten Höhlen der Iberischen Halbinseln. Im Inneren befinden sich Höhlenmalereien, die zu den ältesten der Welt zählen. Die Höhle kann nur im Rahmen einer Tour besucht werden und diese sind streng limitiert. Für die Buchung muss man die Nummer 952 458 046 anrufen.

INFO: caminitodelrey.info/en

»DER WEG SELBST IST NUR WENIGE ZENTIMETER BREIT, DANEBEN GEHT ES SENKRECHT IN DIE TIEFE.«

Rechts: Kleiner Adrenalin-Kick gefällig? Den gibt es bei einer Wanderung über dem Abgrund gratis dazu.

Auf einen Drink im Knochensessel kann man sich in der HR Giger Bar niederlassen.

»In den Räumen dreht sich alles um die fantastische Kunst des ›Alien‹-Schöpfers und Oscar-Preisträgers.«

Ein beeindruckender Blick ins Tal lässt sich vom Schloss erhaschen.

95 Giger in Greyerz

Zwischen Mittelalter und Aliens

Umgeben vom Panorama der Freiburger Voralpen liegt das Städtchen Gruyères oder zu Deutsch Greyerz, das direkt aus dem Mittelalter gefallen zu sein scheint. Über der historischen Stadt ragt das imposante Schloss Greyerz empor, das sich hoch auf einem Hügel in die Kulisse der umliegenden Berge einreiht. Es wurde zwischen 1270 und 1282 im Stile einer Befestigungsanlage errichtet, später von den Freiburger Landvögten und den Genfer Familien Bovy und Balland bewohnt, bevor der Kanton Freiburg das Anwesen 1938 zurückkaufte und der Öffentlichkeit zugänglich machte.

Die mittelalterliche Anlage beherbergt heute prachtvolle Sammlungen, die von der reichen Geschichte des Schlosses und der Stadt zeugen. Ein Besuch ist demnach eine Zeitreise, auf der sich eine ganze Reihe an Schätzen aus den letzten Jahrhunderten entdecken lässt.

Fans des Schaurigen lockt ein anderes Schloss in der Nähe. Im Château St.-Germain, direkt unterhalb des Schlosses Greyerz, entführt einer der größten Künstler der Schweiz die Besucher in eine Welt des Grusels. Hans Rudolf Giger wurde mit seinen Entwürfen für Ridley Scotts »Alien« im Jahr 1978 weltberühmt. In den Räumen dreht sich alles um die fantastische Kunst des »Alien«-Schöpfers und Oscar-Preisträgers. Aliens mit nadelspitzen Zähnen und Sessel, geformt aus Wirbelsäulen – die umfangreiche Sammlung zeigt Gigers verschiedenen Schaffensperioden und sein Artwork, neben »Alien« auch zu den Filmen »Dune« und »Species« oder »Poltergeist 2«. In der HR Giger Bar kann man das Ganze noch ein bisschen auf sich wirken lassen.

Tipps & Infos

WISSENSWERT: Eine ganz andere, weitaus freundlichere Kreatur als den Giger-Alien trifft man sonst in der Stadt. Der Legende zufolge wurde Gruyères 400 Jahre n. Chr. durch den Vandalenkönig Gruerius gegründet. Als dieser am blutroten Abendhimmel einen Kranich fliegen sah, erkannte er darin ein gutes Omen und baute an Ort und Stelle seine Stadt. Das Stadtwappen zeigt daher einen Kranich vor rotem Hintergrund.

SPEZIALITÄT: Der Star der Region ist natürlich der Gruyère-Käse. Gruyère ist ein halbharter Käse mit einer charakteristisch würzigen Note und einer leicht nussigen Geschmacksrichtung. Er wird aus Kuhmilch hergestellt und hat die geschützte Ursprungsbezeichnung AOP.

INFO: hrgigermuseum.com

»DIE VERZWEIFELTE MUTTER RIEF IHR ZU: ›PROKLETIJO!‹; ICH VERFLUCHE DICH!«

Auf dem Wanderweg geht es von Gipfel zu Gipfel.

96 DIE VERFLUCHTEN BERGE

Die wilden Gipfel des Balkans

Die Bergregion Prokletije liegt im Dreiländereck Kosovo, Albanien und Montenegro. Bis zum Ende des Jugoslawienkrieges verlief mitten durch das Gebirge eine Militärgrenze, die Berge waren Sperrgebiet. Doch auch schon früher wurde das Prokletije-Gebirge gemieden. Banditen trieben ihr Unwesen, das Terrain galt extrem gefährlich und unzulänglich, die Berge selbst als verflucht. Proklet bedeutet übersetzt »verflucht«, und zur Namensgebung gibt es verschiedene Legenden. Manche sagen, der Teufel höchstpersönlich hätte die Gipfel in gerade einmal 24 Stunden erschaffen. Andere erzählen von einer Mutter, die den Bergen ihren Namen gab. Sie soll mit ihren Söhnen am Fuße des Massivs gelebt haben. Die drei Brüder gingen Tag für Tag auf die Jagd. Als sie eines Tages eine Fee trafen, gerieten sie in Streit darüber, wer sie denn nun behalten dürfe. Das endete im Tod von allen dreien. Als die Mutter die Leichname fand, erzählte ihr die Fee von dem Gezänk. Die verzweifelte Mutter rief ihr zu: »Prokletijo!«. Ich verfluche dich! Der Schrei hallte durchs Land, und der Name blieb. Das Gebirge ist für Wanderer anspruchsvoll, aber durch die nahezu unberührte Natur eines des schönsten Europas. Menschen begegnet man hier selten, dafür sind hier auch seltene Tiere wie Wölfe, Luchse und Bären unterwegs. Da zudem noch das Wetter oft unvermittelt umschwenkt, ist der Fernwanderweg etwas für geübte Wanderer und nichts für schwache Nerven.

TIPPS & INFOS

WISSENSWERT: Seit 2011 führt auf 190 Kilometern der Wanderweg »Peaks of the Balkans« von Gipfel zu Gipfel. Er verbindet, was früher verfeindet war. Es geht durch einsame Bergdörfer, über hohe Pässe und durch wilde Natur.
ANREISE: Der Start- und Endpunkt der berühmten Route ist das Bergdorf Theth, das auf einer Höhe von 800 Metern im gleichnamigen Nationalpark liegt. Um dorthin zu gelangen, kann man einen Fahrer organisieren, der die kurvenreiche dreistündige Fahrt von Shkodra aus übernimmt. Der nächstgelegene Flughafen befindet sich in der albanischen Stadt Tirana etwa 100 Kilometer südlich von Shkodra.
INFO: peaksofthebalkans.com

Verflucht sind heute höchstens die, die diese Schönheit nicht mit eigenen Augen gesehen haben.

Regenjacke nicht vergessen, denn hier gibt es öfter einen Schauer, als den Wanderern lieb ist.

»MAN NENNT DEN BERG WEGEN SEINER SCHNELLEN WETTERWECHSEL AUCH SCHERZHAFT ›MUTTER DES SCHLECHTEN WETTERS‹.«

97 DIABLAK

Die Teufelspitze auf dem Weiberberg

In Polen erzählt man, dass auf dem höchsten Berggipfel des Babia Góra-Massivs vor langer Zeit der Teufel höchstpersönlich wohnte. Als ein Räuber dort Rast machte, traf er auf den Gehörnten und ging mit ihm einen Pakt ein. Der Teufel sollte ihm bis zum ersten Hahnenschrei am Morgen ein Schloss bauen. Im Gegenzug bekäme der Teufel die Seele des Räubers. Luzifer machte sich ans Werk, doch der Räuber hatte immer wieder neue Forderungen. Mal wollte er einen tieferen Burggraben, mal höhere Mauern. Als der Hahn krähte und der Teufel noch immer am Werk war, merkte dieser, dass der Räuber ihn mit seinen Wünschen an der Nase herumgeführt hatte. Aus Zorn riss er mit seinem Schwanz das Schloss nieder und vergrub den Räuber unter den Ruinen.

Die Geschichte erklärt, warum der höchste Gipfel des sogenannten Weiberberg-Massivs Diablak, auf Deutsch Teufelsspitze heißt. Man nennt den Berg wegen seiner schnellen Wetterwechsel auch scherzhaft »Mutter des schlechten Wetters«. Doch wenn das Wetter mitspielt, präsentiert sich vom Diablak ein Panoramablick von der Tatra bis in die Schlesischen Beskiden. Besonders magisch wird es beim Sonnenaufgang, wenn sich die Wolkendecke langsam lichtet und die Gipfel ringsum freigibt. Die Teufelsspitze liegt auf polnischem und slowakischem Gebiet. Rings um den Berg erstreckt sich der Babia-Góra-Nationalpark mit zahlreichen Wanderwegen.

TIPPS & INFOS

ANREISE: Ausgangspunkt für Wanderungen und Wintersportaktivitäten ist das Dorf Zawoja, in dem sich auch die Parkverwaltung mit dem Nationalparkmuseum befindet. Bahnverbindungen gibt es nach Maków Podhalański, wo man auf Busse umsteigen muss. Krakau liegt etwas mehr als 80 Kilometer entfernt.

AKTIV: Der Nationalpark Babia Góra ist touristisch sehr gut erschlossen. Wander- und Lehrpfade mit einer Gesamtlänge von rund 60 Kilometern stehen zur Verfügung.

INFO: bgpn.pl/en

Der Nationalpark lockt mit zahlreichen Wanderwegen.

Der Begriff »Tor« meint keinen Eingang. Tor ist ein keltisches Wort für Hügel.

98 GLASTONBURY TOR

Lag hier das sagenumwobene Avalon?

Dramatisch erhebt sich der Hügel aus der grünen Landschaft Südenglands. Wer nach oben läuft, kommt zur Ruine der mittelalterlichen St.-Michaels-Kirche aus dem 14. Jahrhundert. Doch Glastonbury Tor ist weit mehr als nur eine historische Stätte. Es ist ein Ort, um den sich Mythologie und Legenden weben. Nirgendwo sonst in England scheint die spirituelle Energie größer zu sein. Für die Kelten war Glastonbury Tor der Eingang zur mystischen Welt der Feen, andere sehen hier nicht weniger als das sagenumwobene Avalon aus der Artussage. Vor rund 2000 Jahren war rund um den Hügel noch kein Festland wie heute, sumpfiges Gebiet erstreckte sich um das Glastonbury Tor. Wenn der Nebel über den feuchten Wiesen emporstieg, ragte der Hügel mythisch empor. Man braucht wirklich nicht viel Fantasie, um sich hier die im Nebel verborgene Insel Avalon vorzustellen. Forscher fanden auf dem Hügel eine uralte Siedlung. Ein Grab, das man in der Glastonbury Abbey fand, gibt ebenfalls Hinweise. Die Inschrift zeugt vom berühmten Artus auf der Insel Avalon. Im Inneren waren zwei Skelette, eines davon mit langen blonden Haaren. Für viele ist sicher: Der sagenumwobene König Artus und seine Guinevere liegen in der Ruine begraben, und Glastonbury Tor ist nichts anderes als Avalon. Heute ist Glastonbury ein Mekka für spirituelle Vibes. Es gibt nur wenige Orte mit so zahlreichen Esoterikläden wie hier. Zum Glastonbury Festival erreicht das Hippietum seinen Höhepunkt, dann tanzen hier wortwörtlich alle aus der Reihe.

TIPPS & INFOS

WISSENSWERT: Glastonbury soll im zweiten Jahrhundert n. Chr. von Josef von Arimathäa gegründet worden sein, der nach Jesu Tod den Heiligen Gral nach England brachte. Am Fuße des Hügels findet man die berühmteste Quelle Englands, die Chalice Well. Das Wasser der Quelle wird Blutquelle genannt, denn der Eisengehalt färbt das Wasser rot. Genau hier soll lange Zeit der Heilige Gral versteckt gewesen sein.
ANREISE: Glastonbury liegt im Süden von England zwischen Bridgwater und Shepton Mallet und ist von Bristol aus gut erreichbar. Mit dem Bus kommt man unter anderem von Bristol, Exeter und Bath nach Glastonbury. Züge fahren ab Bristol Temple Meads und Taunton.
INFO: england.de/england/glastonbury

Der Adlerbogen auf dem Donnersberg ist nur mit einer Wanderung zu erreichen.

99 DONNERSBERG

Heiliger Ort des Donnergottes

Man hörte den Schmied mit seinem Hammer klopfen, Waren wurden getauscht, Tiere gefüttert. Auf dem mit 687 Meter höchsten Berg der Pfalz herrschte vor rund 2000 Jahren ein reges Treiben, denn hier befand sich eine der größten keltischen Stadtanlagen in ganz Mitteleuropa. Auf dem Donnersberg erstreckte sich zwischen 130 bis etwa 50 v. Chr. ein sogenanntes Oppidum, eine keltische Großstadt. Mit rund eintausend Einwohnern war es ein wirtschaftliches, aber auch religiöses Zentrum der Kelten. Auf dem Plateau des Donnersbergs huldigte man den Göttern. Die Kelten verehrten den Berg als Sitz des Donnergottes und glaubten, dass der heilige Ort eine Verbindungsstelle zwischen der irdischen und der göttlichen Welt war. Auch heute, wenn sich die Unwetter am Donnersberg abreagieren und der Gipfel von Blitzen erhellt wird, kann man diese Vorstellung durchaus nachvollziehen. Um den Nordpfälzer Berg ranken sich weitere Legenden. Auf dem Donnersberg sollen einst Zwergenkönige regiert haben. Ihr Reich befand sich im Inneren des Felsens und darin unfassbare Reichtümer. Die Sage kommt nicht von ungefähr. Bereits die Römer wussten um die Schätze im Donnersberg. Sie bauten Eisenerz, Kupfer, Blei und Silber ab und begründeten die Bergbautradition im Nordpfälzer Bergland, die ab dem Mittelalter wieder aufgenommen wurde. Die Grafen von Falkenstein, die Herren des Donnersbergs, profitierten vom wirtschaftlichen Reichtum.

TIPPS & INFOS

AKTIV: Ein Teilstück der einstigen Ringmauer wurde rekonstruiert. Vom Parkplatz auf dem Donnersberg startet der fünf Kilometer lange Keltenweg, welcher der ehemaligen Befestigungsanlage folgt und zu den verschiedenen Ausgrabungsstätten des Oppidums führt. Bei einem weiteren Wanderpfad, dem Keltischen Skulpturenweg, dreht sich alles um die Kultur der Kelten. Dreizehn Skulpturen auf dem Pfälzer Höhenweg widmen sich der keltischen Mythologie und führen hinab bis zum Keltendorf in Steinbach.
SEHENSWERT: Das Keltendorf in Steinbach lässt die Keltenzeit auferstehen. In rekonstruierten Häusern kann man alles über die Kultur erfahren und vieles selbst ausprobieren.
INFO: donnersberg-touristik.de;
keltendorf-steinbach.de

Von oben überblickten die Herrscher die Umgebung in Ausschau nach Feinden.

»EINE ALTE LEGENDE BESAGT, DASS IMMER, WENN DIE RABEN DIE BURG VERLASSEN, ETWAS SCHRECKLICHES GESCHEHEN WERDE.«

100 CORFE CASTLE

Eine unheimliche Ruine

Corfe Castle weiß, wie man nachhaltig Eindruck schindet. Während das Navi sagt, dass es nur noch zwei Minuten bis zur Burg sind, ist weit und breit noch nichts zu sehen. Doch nach der nächsten Kurve taucht sie plötzlich auf: Die Burgruine von Corfe Castle, die imposant auf einer Anhöhe steht. Bereits im neunten Jahrhundert gab es hier eine Festung. Manche gehen davon aus, dass sogar die Römer schon hier siedelten. Um Burgen ranken so einige Geschichten, die meisten davon sind eher düster. 987 wurde Eduard der Märtyrer im Schatten der Burg auf dem Marktplatz von Corfe ermordet und sein Leichnam in den Brunnen geworfen. Er war der junge König von Wessex. Seine Stiefmutter ließ ihn zugunsten ihres Sohnes vom Thron entfernen. Als dieser mit drei Jahren die Herrschaft übernahm, fielen die Dänen raubend ein und ließen kaum etwas von Corfe Castle übrig. Die normannischen Eroberer, genauer gesagt der Sohn von William dem Eroberer, ließen auf der zerstörten Befestigungsanlage eine neue Burg erbauen. Doch im Jahr 1646 wurde auch diese nach einigem Widerstand im Englischen Bürgerkrieg zerstört.

Wer auf dem Burghügel steht, kann sich problemlos ausmalen, wie die alten Burgherren die Küste und das Umland überblickten und bei Schlachten hier die Stellung hielten. Dabei lohnt sich aber auch der Blick nach oben, denn eine Legende besagt, dass immer, wenn die Raben die Burg verlassen, etwas Schreckliches geschehen werde. Und dies soll auch der Fall gewesen sein, kurz bevor Corfe Castle im Bürgerkrieg erobert wurde.

TIPPS & INFOS

SEHENSWERT: Corfe Castle liegt inmitten der Purbeck Hills. Auf den sanft geschwungenen Kreidehügeln hat man einen grandiosen Blick über die Bucht von Poole. Wer sich für alte Grabhügel interessiert, wird hier auch fündig: Die Hügel sind übersät damit.

ANREISE: Corfe Castle liegt direkt an der A 351, die über die Isle of Purbeck führt. Die nächste größere Stadt ist Bournemouth.

INFO: nationaltrust.org.uk/visit/dorset/corfe-castle

Heute sind es nur noch Ruinen, doch ausmalen kann man sich die Größe der einstigen Burg auch so.

IN DER UNTERWELT

Die schaurigsten Höhlen Europas

Wer eine Höhle betritt, kann sich einer gewissen düsteren Stimmung kaum entziehen. Kein Wunder, dass sich rund um Höhlenwelten immer wieder Sagen und Legenden gesponnen haben.

Gough's Cave, Somerset, Vereinigtes Königreich

In der Cheddar Gorge, einer Schlucht im englischen Somerset, gibt es mit der Gough's Cave eine der bekanntesten Höhlen des Landes. 1903 fand man die sterblichen Überreste eines Höhlenmenschen. Dank des »Cheddar Man« weiß man, dass die Höhle bereits seit 400 000 Jahren von Menschen genutzt wurde – und zwar auch für grausame Rituale. So fanden Forscher Knochen mit Spuren von Kannibalismus und Verstümmlungen (cheddargorge.co.uk/explorer/goughs-cave).

Peak Cavern, Derbyshire, England

Die Peak Cavern in Derbyshire wird gerne als »Devil's Arse« bezeichnet. Dieser etwas unrühmliche Name hat seinen Ursprung in der lokalen Folklore. Früher glaubten die Menschen, dass Höhlen immer auch ein Eingang zur Unterwelt waren und dass Dämonen in den Tiefen der Felsen lebten. Die Höhle gehört zu den größten Höhlenanlagen in Großbritannien und hat durch den ungewöhnlichen Namen Bekanntheit erlangt (peakcavern.co.uk).

Grjótagjá-Höhle, Mývatn-See, Island

Island ist berühmt für seine Gletscherhöhlen, doch die Grjótagjá-Höhle fasziniert mit anderen Reizen. Die überflutete Lavahöhle wurde lange Zeit von den Einheimischen zum Baden genutzt, doch in den letzten Jahren stieg die Temperatur des Wassers kontinuierlich an, und so ist der Höhlensee mittlerweile viel zu warm. Bekannt wurde die Höhle auch als Rückzugsort des Gesetzlosen Jón Markússon, vor allem aber als Drehort für die Kultserie »Game of Thrones« (itinari.com/de/grjotagja-jon-snow-s-cave-in-iceland-vnpf).

Höhle des Zeus, Kreta, Griechenland

Der Name erklärt sich aus der Mythologie: Die Göttin Hera soll hier einst ihren Sohn Zeus vor dessen Vater Chronos versteckt haben. Die Höhle, die sich auf der Lassithi-Hochebene im Osten Kretas befindet, ist auch als auch Höhle von Psychro oder Diktäische Grotte bekannt. Archäologische Funde zeigen, dass die Höhle schon seit der Jungsteinzeit als Kultstätte diente. Bei einem Besuch dreht sich aber alles um die Schönheit der vielen Stalaktiten und Stalagmiten und des unterirdischen Sees (griechenland.de/hoehle-von-psychro).

Mallorcas Drachenhöhle wirkt wahrlich gespenstisch.

Modra špilja, Biševo, Kroatien

Mitten in der Adria, etwa auf der Höhe von Split, liegt die kleine Insel Biševo. Sie ist eine der schönsten Inseln Kroatiens. Die Blaue Grotte, auf Kroatisch Modra špilja, macht ihrem Namen alle Ehre. Wer mit dem Boot in den Felsen schippert, wird vom blauen Licht eingehüllt: ein wahrlich magischer Anblick (modraspilja.hr).

Cuevas del Drach, Mallorca, Spanien

Am Südende des Ferienortes Porto Cristo verbergen sich die Drachenhöhlen, auf Spanisch Cuevas del Drach genannt. Rund 1,2 Kilometer führt das Höhlensystem in den Felsen und dabei bis zu 25 Meter in die Tiefe. Dort erstreckt sich mit 115 Metern Länge einer der größten unterirdischen Seen der Welt. Einer Legende nach haben Templer und Piraten ihre Schätze in dem Höhlenlabyrinth versteckt. Um diese zu beschützen, beauftragte man den in den Höhlen lebenden Drachen, Fremden den Zugang am Höhleneingang zu verwehren (cuevasdeldrach.com/de).

Eisriesenwelt, Werfen, Österreich

Die Eisriesenwelt bei Werfen südlich von Salzburg gilt mit ihrem Labyrinth von über 40 Kilometern Länge als die größte Eishöhle der Welt. Der Besuch ist ein Erlebnis der besonderen Art. Mehr zu dem gigantischen Eishöhlensystem gibt es unter Reiseziel 74 (eisriesenwelt.at).

Die Grjótagjá-Höhle ist durch einen kleinen Riss in der Erdkruste entstanden.

REGISTER

IMPRESSUM

Verantwortlich: Carola Holzer
Layout: Franziska Gumpp
Korrektorat: Christine Miller
Umschlaggestaltung: Roman Bold & Black
Repro: LUDWIG:media
Kartografie: Huber Kartographie, Heike Block
Herstellung: Alexander Knoll
Printed in Poland by CGS Printing

Sind Sie mit diesem Titel zufrieden? Dann würden wir uns über Ihre Weiterempfehlung freuen.
Erzählen Sie es im Freundeskreis, berichten Sie Ihrem Buchhändler, oder bewerten Sie bei Onlinekauf.
Und wenn Sie Kritik, Korrekturen, Aktualisierungen haben, freuen wir uns über Ihre Nachricht an Bruckmann Verlag, Postfach 40 02 09, D-80702 München oder per E-Mail an lektorat@verlagshaus.de

Unser komplettes Programm finden Sie unter:

www.bruckmann.de

In diesem Buch wird aus Gründen der besseren Lesbarkeit das generische Maskulinum verwendet. Weibliche und anderweitige Geschlechteridentitäten werden dabei ausdrücklich mitgemeint, soweit es für die Aussage erforderlich ist.

Empfehlung der Redaktion
Sie sind auf der Suche nach weiterführender Literatur? Dann empfehlen wir Ihnen den Titel »Lost & Dark Places Franken« aus der gleichnamigen Reihe »Lost & Dark Places«.

1. Auflage 2024

Infanteriestraße 11a
80797 München

ISBN 978-3-7343-2636-3

BILDNACHWEIS

Shutterstock: S. 2/3o. (Natali Strelnik); 3o. (Wirestock Creators); 3u., 40 (CharlitoCZ), 4/5o. (Swen Stroop); 5o. (Marina Swarre), 8/9, 26/27 (RubezahlX); 10/11 (pete_ell); 12/13 (Derek Smyth); 14 (stefan.istrate); 16u. (Yingna Cai); 16/17o. (Dawid K Photography); 17o. (Flyby Photography); 18 (mareksaroch.cz); 19 (MyImages - Micha); 20 (Lucian BOLCA); 21 (Daniel Marian); 22 (Valentin Valkov); 23 (Diyana Dimitrova); 24 (yggdrasill); 25 (Lubos Houska); 27 (canadastock); 28 (Irene Fox); 29 (Emil Sutak); 30, 31 (Mario Krpan); 32/33o. (Sean Pavone); 33o. (Aureliy); 34 (Digihelion); 35 (Robson90); 36 (imageBROKER.com); 37 (Leuchtkraft); 38 (365 Focus Photography); 39 (Bram Smits); 41 (LGieger); 42 (LGieger); 43 (Victor Grecu); 47 (hecke61); 48/49o. (Kevin Hellon); 50/51 (DaLiu); 52 (Francesco Bonino); 53 (Tupungato); 54 (Sandro Barbara); 55 (javarman); 56 (Natthapong Ponepormmarat); 58o. (HUANG Zheng); 60 (Yasin Caglayan); 61 (Hatice Bakcepinar); 62 (Luca Rei); 63 (Giedrius Akelis); 64 (aliaksei kruhlenia); 65 (Simlinger); 66 (KJ Kohs); 67 (KJ Kohs); 68, 69 (Arrietaphoto); 70, 71 (Martpod); 72 (DW art); 73 (Michael715); 74 (Stanislavskyi); 75 (Lucky Team Studio); 76 (Leon Rafael); 77 (Jess Spano); 80, 115 (Kadagan); 82u. (Matyas Rehak); 82/83o. (veleknez); 83o. (veleknez); 84 (Boris Stroujko); 85 (Arndale); 86 (dr4gosh); 87 (Radu Bercan); 88/89o. (Flavia8); 89u. (Benjamin Kralj); 90/91 (Kanuman); 92 (Martins Vanags); 93 (Jan travel Thailand); 94 (Caroline Ericson); 95 (zedspider); 96 (Inger Eriksen); 97 (Maurizio Fabbroni); 98 (Rudi Leys); 99 (konradkerker); 100u. (Marko Palm); 100/101o. (Oleksii Liebiediev); 101o. (Hoiseung Jung); 102 (Igor Plotnikov); 103 (Yevhenii Chulovskyi); 104 (Lee Callaghan); 105 (elementals); 106 (Lukassek); 107, 139 (Wirestock Creators); 108u. (Markus Mainka); 108/109o. (Agia); 109o. (Cristian Umili); 110 (CFEDEph); 111 (Alexander Markelov); 112 (imagoDens); 113 (hoanggppham); 114 (mairu10); 116 (4Max); 117 (MarcantonioBartelloni); 120 (Elena Krivorotova); 121 (MIGUEL G. SAAVEDRA); 122 (Benjamin Seifert); 125o.li. (Yulia_Bogomolova); 125o.re. (Sergey Lyashenko); 125u. (Peter OToole); 126/127 (Witold Ziomek); 128 (ginger_polina_bublik); 129 (Uhryn Larysa); 130 (Anja Robo); 131 (MNStudio); 132 (Flaviya); 133 (Milen Dobrev); 134 (FotoRequest); 135 (HedvikaMichnova.jpg); 136u. (zedspider); 137/136o. (RossHelen); 137o. (hecke61); 138 (monmii); 140 (Sean Pavone); 141, 153 (Dziewul); 142 (Grisha Bruev); 143 (G. Simonson); 144 (Ana del Castillo); 145 (vicenfoto); 146 (Madam Pong); 147 (freedom100m); 148 (Alex Cimbal); 149 (Janez Zalaznik); 150 (Ana Flasker); 151 (Cara-Foto); 152 (davidgomezplaza); 154 (Dziewul); 155 (Keitma); 156 (iwciagr); 157 (Uwe Seidner); 158 (Pinus-piotrek); 159 (Anna Ewa Bieniek); 160 (Casper Farrell); 162 (Kevin Standage); 163 (pete_ell); 164/165o. (Mistervlad); 165u. (Matteo Trolese)
Weitere: S. 15 (commons.wikimedia.org / Dietrich Krieger); 32u. (wikipedia.org / Niels Elgaard Larsen); 46 (lookphotos / Heinz Wohner); 161 (lookphotos / Becker Manuel)
Alle anderen Bilder stammen von Julia Schattauer.